JN252388

「戦争法」を廃止し改憲を止める

憲法9条は世界の希望

川村俊夫 著
Toshio Kawamura

学習の友社

日本国憲法　前文

日本国民は、正当に選挙された国会における代表者を通じて行動し、われらとわれらの子孫のために、諸国民との協和による成果と、わが国全土にわたつて自由のもたらす恵沢を確保し、政府の行為によつて再び戦争の惨禍が起ることのないやうにすることを決意し、ここに主権が国民に存することを宣言し、この憲法を確定する。そもそも国政は、国民の厳粛な信託によるものであつて、その権威は国民に由来し、その権力は国民の代表者がこれを行使し、その福利は国民がこれを享受する。これは人類普遍の原理であり、この憲法は、かかる原理に基くものである。われらは、これに反する一切の憲法、法令及び詔勅を排除する。

日本国民は、恒久の平和を念願し、人間相互の関係を支配する崇高な理想を深く自覚するのであつて、平和を愛する諸国民の公正と信義に信頼して、われらの安全と生存を保持しようと決意した。われらは、平和を維持し、専制と隷従、圧迫と偏狭を地上から永遠に除去しようと努めてゐる国際社会において、名誉ある地位を占めたいと思ふ。われらは、全世界の国民が、ひとしく恐怖と欠乏から免かれ、平和のうちに生存する権利を有することを確認する。

われらは、いづれの国家も、自国のことのみに専念して他国を無視してはならないのであつて、政治道徳の法則は、普遍的なものであり、この法則に従ふことは、自国の主権を維持し、他国と対等関係に立たうとする各国の責務であると信ずる。

日本国民は、国家の名誉にかけ、全力をあげてこの崇高な理想と目的を達成することを誓ふ。

―もくじ―

はじめに
―安倍内閣の暴走と主権者の力発揮する国民のたたかい

2015年9月19日、戦争法が成立し、戦後政治のなかで常に大きな争点でありつづけてきた日本国憲法9条をめぐるたたかいは新たな局面に入りました。安倍首相は「戦争法」と呼ばれることを嫌って「レッテル貼り」と必死の反論を企てますが、地球上のどこであっても自衛隊がアメリカの戦争に加担するための法律であって、紛れもなく「戦争法」です。政府が使う「平和安全法制」という呼び名こそ、事実をさかさまに描いて国民の目をあざむこうとするものです。

この戦争法の制定に向けて、70年ちかくにわたって、「憲法9条のもとでは許されない」とされてきた集団的自衛権の行使―日本が武力攻撃をうけていなくとも「密接な関係にある他国」のために武力を行使する―を一片の閣議決定で「許される」に転換したことで、日本の立憲主義、民主主義は根本から揺らいでいます。

■明文、解釈両面からの改憲戦略

「我が国と密接な関係にある他国」が、日米安保条約を結んでいる「同盟国」アメリカであることはいうまでもありません。日本が集団的自衛権行使にふみきることをアメリカはいっかんして求めつづけてきました。たとえば、2000年10月のアーミテージ報告（正式には米国防大学国際戦略研究所報告「米国と日本—成熟したパートナーシップに向けて」）は、「日本が集団的自衛権を禁止していることは、同盟間の協力にとって制約となっている。この禁止事項を取り払うことで、より密接で、より効果的な安全保障協力が可能となろう」と書いています。

しかし歴代の自民党内閣は、アメリカの要求にできるだけ応える姿勢をとりつつも、正面から集団的自衛権行使容認にまで踏みこむことには消極的でした。それには憲法9条の明文改悪が必要であり、国民の大きな反対運動が巻き起こることは避けられないと考えたからです。

ところが2006年9月に発足した安倍内閣（第一次）は、就任早々から、「戦後レジームからの脱却」=「憲法を頂点とした行政システム、教育、経済、雇用、国と地方の関係、外交・安全保障などの基本的枠組み」からの脱却（安倍首相のホームページ）を掲げ、そのためには「憲法改正が不可欠」という立場を鮮明にしました。

しかも、憲法の明文改憲まで、それらの実現を先送りするわけではありません。従来の政府の憲法解釈を変更することによって実現が可能なものについては、法律の改悪や閣議決定という手法によってつぎつぎと具体化をはかったのです。憲法の明文改憲と解釈改憲の両面作戦です。こうして解釈改憲については、憲法の担い手たる主権者をつくる教育基本法の改悪（06年12月）、防衛庁を「省」に格上げする自衛隊法改悪（06年12月）、改憲手続き法（国民投票法）の制定（07年5月）等々自民党が年来の課題としてきたことがらを、国会の多数を背景につぎつぎと強行しました。

なかでも重大なのは集団的自衛権の行使に関する政府解釈の大転換です。安倍首相は就任後、「集団的自衛権の問題を含め、憲法との関係について個別具体的な類型に即して研究をすすめる」（07年1月、年頭記者会見）と語り、07年4月、柳井俊二・元駐米大使を座長に私的諮問機関として「安全保障の法的基盤の再構築に関する懇談会」（安保《あんぽ》法制懇《ほうせいこん》）を発足させました。安倍首相にとってはまったくの〝お友達集団〟であるこの安保法制懇に報告書をまとめさせ、それを口実に集団的自衛権行使への道筋をつけようとしたのです。しかし、あまりに強引な国政運営に国民の批判が高まり、07年7月の参議院選挙で惨敗、わずか1年足らずで退陣を余儀なくされ、最初の挑戦は失敗に終わりました。

その後、福田、麻生内閣を経て09年8月の総選挙の結果、民主党への政権交代が行われました。国民は民主党に、自民党政治の根本からの転換を期待したのです。

しかし、鳩山政権は普天間基地の県外、国外移転を掲げたもののアメリカの意を受けた外務、防衛省など官僚の妨害に加え、党内からも反対がおこって首相の座から引きずり下ろされてしまいました。つづく菅、野田政権は日米同盟強化、大企業優先の自民党路線に逆戻りし、ズルズルと自民党政治の後追いを続けた結果、12年12月の総選挙で惨敗、政権の座を再び自民党に明け渡すこととなりました。この総選挙で、民主党の得票率（比例選）が前回09年の42・4％から16・0％へと激減したことに、政権交代に期待した国民の失望の大きさがあらわれています。

一方、自民党が政権を奪回したのは国民の支持を回復したからではありません。その得票率は26・7％から27・6％への微増にもかかわらず「圧勝」といわれる議席を獲得したのは、小選挙区制という根本から民主主義に反する選挙制度のおかげにほかなりません。

■歴代内閣の解釈を一代でくつがえす

2012年12月、こうした予想外の経緯で首相の座に返り咲いた安倍首相は改憲への執念をむき出しに、「まずは96条、憲法の改定規定を変えていこうと考えている」（13年2月28日、施政方針演説）と述べ、うちだしたのが憲法改正の発議要件を衆参両院の3分の2以上から過半数に緩和する、96条改憲を先行させる手法です。96条の改憲なら国民の抵抗が少ないと判断し、これを突破口に国民の「改憲慣れ」をつくりだし、次に念願の9条改憲に向かおうという迂回作戦です。しかし、そのねらいはたちまち国民の見抜くところとなり、「96条の会」ができるなど反対世論が急速に高まり頓挫。そこで第1次内閣のときとほとんど同じ顔ぶれで安保法制懇《あんぽほうせいこん》を再発足させ（13年2月）、当面は解釈変更による集団的自衛権行使をめざしました。

安倍首相としては、海外での武力行使を一括解禁するための全面的解釈変更を安保法制懇が打ち出すことを期待し、安保法制懇もこれに全面的に応える論議をすすめました。

しかし、こうしたやり方に国民の批判が大きく高まったため安倍首相も安保法制懇も右往左往し、報告書提出は14年5月15日と予定より大幅に遅れました。しかも、安保法制懇は安倍首相の期待に全面的に応え、集団的自衛権全面容認の報告書を提出したにもかかわらず、安倍首相はその内容をつまみ食いし、「自国と密接な関係にある外国に対する武力攻撃」があり、それを放置しておくと「我が国の安全に重要な影響を与える場合」に限って集団的自衛権を行使できるという「限定容認」の形で受け入れる体裁をとらざるをえませんでした（第1章参照）。これ自体、国民世論と9条を完全に無視しさることができなかったことのあらわれであり、安倍首相にとっては禍根を残すものだったといえます。

しかし、14年7月1日、安保法制懇の報告書を限定的に受け入れた内容を閣議決定したことによって、歴代の内閣が70年近く、「憲法9条のもとでは許されない」と言い続けてきた集団的自衛権行使に関する憲法解釈が、安倍内閣一代だけの閣議決定で「許される」に変更され、戦争法の土台がつくられたのです。

■つねにアメリカの意思に忠実に「戦争法」へ

見逃せないことは、こうした動きの背景にはつねにアメリカの意思が働きつづけていることです。アメリカは13年10月の日米安保協議委員会（日米の外交・防衛のトップで構成＝「2＋2《ツープラスツー》」）で、「日米同盟の枠組みにおける日本の役割の拡大」を求め、日本は「集団的自衛権の行使に関する事項を含む自国の安全保障の法的基盤の再検討」をはじめ、防衛力増強・情報保全措置を推進することなどを約束しました。そして、それらを盛り込んだ「日米防衛協力のための指針（ガイドライン）」の改定を２０１４年12月までにおこなうことも合意されました。

日本の国会で審議する前に日米の会談でレールを敷いてしまい、しかも日米同盟の基本を定めた安保条約の改定という国家間の正式な外交手続きを踏まず、ガイドラインという政府間の合意文書でその枠組みをつくるというこの手法は、いまや自民党政治の常套手段となっています。

新しい日米ガイドラインは15年４月27日、ニューヨークで行われた「２＋２」で合意され、集団的自衛権を前提に「日米同盟のグローバルな性質」、地球上のどこで起こるどんな事態にも「切れ目のない、力強い、柔軟かつ実効的な日米共同の対応」を打ち出しました（37ページ参照）。

さらに安倍首相は４月29日（日本時間30日）、連邦上下両院合同会議で演説し、「世界の平和と安定のため、これまで以上に責任を果たす。そのために必要な法案の成立を、この夏までに必ず

安保条約と日米ガイドラインの歴史

▽1951年　日米安保条約（旧）
講和条約調印の夜、吉田首相１人で署名
▽1960年　日米安保条約（新）
「日米地位協定」もでき在日米軍基地を恒久化、経済面でもアメリカ従属化。
▽1978年　日米防衛協力のための指針（ガイドライン）
冷戦の下、有事＝戦争への準備進む。
▽1994年　日米安保共同宣言
「安保再定義」安保５条を事実上改定
▽1997年　日米防衛協力のための指針（新ガイドライン）
専守防衛にとどまらず「周辺事態」でも米軍への協力を打ち出す。
▽2015年　日米防衛協力のための指針（新新ガイドライン）
日本の集団的自衛権行使を取り込み、世界のどこへでも「切れ目のない」日米の軍事協力。

実現します」と日本国民もまだ目にしていない「戦争法」の成立をアメリカで約束したのです。

こうして15年5月14日、自衛隊法、ＰＫＯ等協力法、周辺事態法、武力攻撃事態法等10本の法律改悪を一括しておこなう「平和安全法制整備法案」と、自衛隊がＰＫＯ等協力法によるものを除いて、地理的にも時間的にも制約されないで、どの国に対しても補給支援などを行う「国際平和支援法案」が閣議決定され、翌日国会に提出されました。

憲法と民主主義の根本にかかわるこの戦争法案は、これまでなら3国会、4国会かけて審議してきた膨大な内容の法案にもかかわらず、安倍内閣と自公与党は4ヵ月後の9月19日に成立させるという極めて乱暴な手法によって強行しました。その採決も9月17日の委員会採決の翌日配布された議事録では、鴻池委員長の発言が「……(発言する者が多く、議場騒然、聴取不能)」となっていたにもかかわらず、本会議には「可決」と報告されるデタラメぶりです。

そして、すでに人工島建設をすすめている中国へのデモンストレーションとして南シナ海にイージス艦を派遣している米艦を支援するため自衛艦を派遣することや(15年11月19日、オバマ・安倍会談)、政府軍と反政府軍の武装闘争が収まらない南スーダンで、自衛隊が武力紛争にまきこまれた他

2015年「戦争法」の内容

国際平和支援法（海外派兵恒久法）

平和安全法制整備法（一括法）

①自衛隊法改定
②PKO 法改定
③周辺事態法改定
④船舶検査活動法改定
⑤事態対処法改定
⑥米軍行動関連措置法改定
⑦特定公共施設利用法改定
⑧海上輸送規制法改定
⑨捕虜取り扱い法改定
⑩国家安全保障会議設置法改定

国軍隊を「駆け付け警護」することなど、戦争法の具体化がすすめられようとしています。

■今後への展望を切り開いた反対運動

法案の内容面だけでなく、法案強行に向けての手法においてもかつてないこの暴挙に、国民の怒りとたたかいの広がりもかつてないものとなり、国民こそが主権者であることをその行動によって実証することとなりました。

一つは、憲法会議や許すな！憲法改悪市民連絡会などの民主団体でつくる「解釈で9条壊すな！実行委員会」、全労連や民医連などでつくる「戦争する国づくりストップ！憲法を守り・いかす共同センター」、文化人や連合系労組などでつくる「戦争させない1000人委員会」などが、「戦争させない・9条壊すな！総がかり行動実行委員会」という画期的な共同を実現させ、反対運動推進のイニシアティブを発揮したことです。

こうした団体間の共同は1970年代までほぼ日常的に、さまざまな課題でおこなわれ、日米軍事同盟の強化や小選挙区制を阻止する力となっていました。とりわけ地方自治体の革新をめざす運動では、1950年いらい民主府政をつづけてきた京都につづき、60年代以降東京都、大阪府、愛知県などで革新知事をうみだすなど、最高時の77年には日本の全人口の42・9％が革新自治体のもとに暮らす状況をつくりだしていました。しかし、1980年の社会党・公明党の「政権合意」＝「社公合意」（①安保条約は当面存続させ、将来廃棄する場合は日米の合意による、②共産党は政権協議の対象としない）いらい、国政、地方政治の場での共産党排除が強まり革新自治体は減少し、平和運動、労働運動などからも社会党、総評がつぎつぎと撤退し、国民的な共同は途絶えていました。（151ページ参照）今回、安倍内閣によるあまりの暴挙に、これまでの行きがかりを越えてこうした団体間の共同が実現したといえます。

もう一つの大きな特徴は、圧倒的に労働組合や革新政党等の「組織動員」が多かった60年安保改定反対闘争や73年小選挙区制反対闘争等これまでの全国的な平和・民主主義をめざすたたかいと比べて、多くの国民が自発的、自覚的に国会周辺の抗議行動や全国各地での集会・デモ・宣伝・署名・スタンディングなどの行動に参加したことです。そうした人びとは、「安保関連法に反対するママの会」、「自由と民主主義のための学生緊急行動」（SEALDs《シールズ》）など、上部団体をもたない組織をつくり、戦争法成立後はその廃止をめざして活動を継続しています。

そうした運動に参加するようになったきっかけを、たとえば名古屋市天白区にすむ2人の子どもの母親は、「ネットで7月、緑区のママの会のスタンディングアピールを知ったのがきっかけ。天白区でもとママによびかけ、8月には2回宣伝しました。みなさん子育てで大変ですが、子どもの未来のためにとがんばっています」と語っています（「九条の会ニュース」224号）。民主主義を踏みにじる政治の暴走を許さず、一人ひとりが行動に立ち上がる―国民が主権者として政治の表舞台で活躍するという日本社会の成熟した姿を示すものといえないでしょうか。

立憲主義の回復めざす大義

こうして国民の反対運動が大きくもりあがったことは、安保、自衛隊、沖縄問題などでの政策が大きく異なる民主、維新、共産、社民、生活など5つの野党（現在は民主、維新が合併して民進党となり4野党）が、最後まで一致して法案反対を貫く後押しとなりました。その共同は、戦争法成立後もその廃止をめざす運動へと引きつがれています。

もちろん、戦争法に反対する人びとも、憲法9条に対する考え方はかならずしも同じではありません。大きく分類すると、憲法制定いらいの歴史のなかで形成されてきた3つの流れを見ることができます。

まず、憲法9条制定時の原点を守り「個別的自衛権」の名による自衛隊や安保条約の容認はもちろん、集団的自衛権行使などとうてい認めることはできないとの立場です。これらの人びとは、とくに21世紀に入って強まった「集団的自衛権」容認の動きに早くから警鐘を鳴らし、反対運動を開始しています。

第2は、自衛隊や安保条約にもとづく「必要最小限」の「個別的自衛権」の行使は認めるが、「集団的自衛権」にまで踏み込むことには同意できないという流れです。もっとも、これらの人びとの間でも、自衛隊の戦力・規模や対米関係をめぐって、その「必要最小限」の認識にはかなりの差があります。

第3は、必ずしも憲法9条を支持していなくとも、憲法を乱暴にふみにじるあまりにも明白な欠陥法案を、安倍内閣と自公与党が数を頼みに強行するというのは「民主主義」、「立憲主義」の破壊であって許せない、という流れです。こうした人びとは従来の安倍政権の支持基盤のなかからも少なからずあらわれ、15年6月4日の衆院憲法審査会では、自民党推薦の参考人を含む3人の憲法学者が全員、戦争法案を違憲と述べ、法案をめぐる国民世論の大きな転換点になりました。

もちろん、「立憲主義」、「民主主義」の破壊に抗議するという思いは、他の2つの勢力にも共通しています。

これまで「立憲主義」といった言葉は国民にとってなじみのうすいものでした。しかし、今回の戦争法に反対するたたかいのなかでは、本来は憲法9条の条文を変えなければできないことを、政府の一存で解釈を変えることによって可能にすることへの強い批判の表現として、あっという間に反対運動参加者の間に広がりました。日本国憲法99条は、「天皇又は摂政及び国務大臣、国会議員、裁判官その他の公務員は、この憲法を尊重し擁護する義務を負ふ」としています。まさにこの規定の遵守を迫っているのです。

「戦争法」問題関連略年表

2006年	9/26	第１次安倍晋三内閣発足
	12/15	教育基本法改悪〝国を愛する態度〟など規定
2007年	1/ 9	「防衛庁」を「防衛省」へ昇格
	4/17	「安保法制懇」設置
	5/14	「改憲手続き法（国民投票法）」成立
	9/26	安倍内閣総辞職
		〔福田康夫内閣　2007年9/26～2008年9/24〕
		〔麻生太郎内閣　2008年9/24～2009年9/16〕
2009年	8/30	衆議院選挙で自民、公明が敗北
		〔鳩山由紀夫内閣　2009年9/16～2010年6/8〕
		〔菅　直人　内閣　2010年6/8～2011年9/2〕
2011年	3/11	東日本大震災、福島第1原発事故
		〔野田佳彦内閣　2011年9/2～2012年12/26〕
2012年	4/27	自民党「日本国憲法改正草案」を決定
	9/26	安倍晋三、再度自民党総裁に選出
	12/16	衆議院選挙で自民党勝利
	12/26	自民党政権復活。第２次安倍内閣発足
2013年	2/ 8	「安保法制懇」再開
	3/20	〔日本銀行総裁に黒田東彦就任〕
	8/ 8	内閣法制局長官に小松一郎（元駐仏大使）就任
	10/ 3	日米安保協議委員会（2+2）〝より力強い同盟へ〟
	11/26	「国家安全保障会議（NSC）設置法」強行成立
	12/ 6	「特定秘密保護法」強行成立
	12/17	「国家安全保障戦略」「新防衛計画の大綱」閣議決定
2014年	1/25	〔NHK 会長に籾井勝人就任〕
	4/ 1	「防衛装備移転三原則」武器輸出を認める
	5/15	安保法制懇、集団的自衛権行使容認の報告書を提出
	7/ 1	集団的自衛権行使容認の閣議決定
	10/ 8	「日米ガイドライン」の見直しに関する中間報告
	12/14	衆議院選挙安倍政権存続
2015年	4/27	「日米ガイドライン」改定（戦争法の枠組みを合意）
	4/29	安倍首相・米国議会で演説、戦争法成立を約束
	5/14	戦争法案　閣議決定
	6/ 4	長谷部、小林、笹田の憲法学者３氏が違憲と明言
	7/16	戦争法案　衆議院強行採決
	9/19	戦争法案　参議院強行採決

第1章

なぜ、いま、戦争法か
―デタラメだらけの政府説明

戦争法成立後の2015年10月、政府は首相官邸のホームページに「『なぜ』、『いま』、平和安全法制か?」と題する解説特集ページ（以下「政府解説」と略）を立ち上げました。冒頭に登場する菅義偉官房長官はその目的を、「国会審議は、衆議院・参議院それぞれ100時間を超えましたが、それでも、…多くの国民のみなさんに、なぜ、いま、この法律を整備するのかについて、お伝えする努力を続けなければなりません」と説明しています。法案の審議が、国民の納得を得るまでに十分にはおこなわれなかったことを自認したものといえましょう。それもそのはず、この法案を推進する論陣をはりつづけた「読売」の法案成立後の調査でも、「国民に十分に説明していない」との回答が、82%にも達しています。これは異常な数字といわなければなりません。

実際、法案の審議過程では政府の側がしばしば答弁不能に陥り、参議院だけでも111回（衆参合計で220回以上）もの審議中断があったように、法案の根幹部分についてさえも政府がまともな答弁ができない状況が続出し、審議をすすめればすすめるほど矛盾があらわになりました。これ以上審議をすすめることはできないと判断した自公与党は、衆参で圧倒的多数の議席を保有していることだけをよりどころに強行採決に及んだ、というのが実情です。

しかし、そのことが国民の怒りをさらに広げ、採決後の世論調査では、法案に「反対」、「評価しない」が「読売」58％、「毎日」57％、「朝日」51％といずれも過半数となっています。

こうした状態を放置しておけば、廃止に向けた運動を勢いづけることになるし、今後のさまざまな選挙にも影響を及ぼしかねません。そこで成立した法律の内容を取り繕うキャンペーンによって「反転攻勢」に打って出ようというわけです。

(1) 自衛権行使「新3要件」のごまかし

戦争法制定をめぐる最大の問題点は、法案提出に先立つ14年7月1日、これまで長い間にわたって「憲法9条のもとでは許されない」とされてきた集団的自衛権行使についての憲法解釈が、一片の閣議決定によって「許される」に変更され、法案提出に向けたレールが敷かれていたことです。

にもかかわらず、15年10月に作成された「政府解説」では、こうした憲法解釈の変更がなぜ許されるのか、ということに関する憲法の観点からの説明はまったくおこなわれていません。ここにも安倍内閣が憲法解釈の変更を重大問題とみなしていないという姿勢があらわれています。その結果、「『この法案は日本国憲法に違反するのではないか』という質問が多く出された」ことをホームページ作成者も認めざるを得なくなり、11月になってあわてて、前記の首相官邸ホームページに「平和安全法制と憲法」という項を追加するという醜態を演じました。

そこでは、「平和安全法制における集団的自衛権に関する法論理」として、憲法上許される場合として3点をあげて説明しています（http://www.kantei.go.jp/jp/headline/heiwa_anzen.html）。

①「日本に対する武力攻撃が発生した場合」のみならず、「日本と密接な関係にある他国に対する武力攻撃が発生し、これにより日本の存立が脅かされ、国民の生命、自由及び幸福追求の権利が根底から覆される明白な危険がある場合」についても、

②これを排除し、日本の存立を全うし、国民を守るために他に適当な手段がないときに、

③必要最小限度の実力を行使すること

……は、憲法第9条の解釈の「基本的な論理」に基づく「必要な自衛の措置」として、憲法上許容される。

これは「自衛権行使の『新3要件』」といわれています（傍点は筆者）。

自衛隊発足いらい言われてきた従来の「自衛権行使の3要件」―①日本に対する急迫不正の侵害、すなわち武力攻撃があること、②その排除のために他に適当な手段がないこと、③その実力行使は最小限にとどめる―に比べると、「日本への武力攻撃」だけでなく「日本と密接な関係にある他国への武力攻撃」があった場合を加え、それが「我が国の安全に重要な影響を与える場合」としています。これが、日本への武力攻撃がなくても「自衛権」を行使できるという集団的自衛権行使容認に

転換した決定的部分です。

にもかかわらず「政府解説」は、憲法９条の「基本論理」に対する考え方は、これまでのものと根本から異なるものではなく「整合性」をもっていると言います。

その「整合性」を証明するために、「政府解説」は「日本では、合憲か違憲かの判断は、憲法81条に定められているとおり、最終的には最高裁判所が行います」といって１９６９年の砂川事件最高裁判決と、「自衛権」についての考えを示した１９７２年の政府見解を援用してそれとの「整合性」を強調しています。牽強付会《けんきょうふかい》—自分の都合のよいように無理に理屈をこじつける（『広辞苑』）—とは、まさにこのことです。

■砂川事件で争われたのは？

まず、最高裁砂川事件判決です。

砂川事件は、１９５７年７月、東京都砂川町（現立川市）で米軍基地拡張工事に抗議した地元住民らが基地拡張予定地に立ち入ったとして、52年に結ばれた日米安保条約にもとづく刑事特別法で起訴され、安保条約そのものが憲法違反かどうかの争いに発展した事件です。１審の東京地裁は安保条約は違憲、との画期的判決をくだしました。安保条約の改定を目前に控えていた日本政府は衝撃を受け、駐日米大使ライシャワーの助言にもとづき最高裁に跳躍上告しました。

これを受けた最高裁は、①憲法９条１、２項は、戦争放棄と戦力不保持を定めているが、「これによりわが国が主権国として固有の自衛権は何ら否定されたものではなく」、②わが国の平和と安全を確保するにふさわしい方式があれば、「他国に安全保障を求めること」も「何ら禁ずるものではない」としました。しかしこれは傍論です。主文は、③安保条約が違憲かどうかという「高度の政治性を有するもの」については、「一見極めて明白に違憲無効と認められない限りは、司法審査権の範囲外のもの」で司法審査の対象にしない、というものです（「統治行為論」といいます）。

こうして最高裁は安保条約が違憲かどうかの判断を避け、審理を東京地裁に差し戻すとしました。これが最高裁判決の中心部分であって、集団的自衛権にはまったくふれていません。（東京地裁の差し戻し審判決も安保条約についての憲法判断を避け、被告人らに2000円の罰金刑判決）

「政府解説」は、判決文の①の部分だけをつまみ食いし、ここにいう「自衛権」には集団的自衛権容認が含まれているかのように強弁しているのです。しかし、この最高裁判決は、当時の政府が、日本が武力攻撃を受けた場合に限って自衛権（個別的自衛権）を行使できるとして自衛隊を設置したことを追認するものではあっても、集団的自衛権行使容認を含むものではありません。

「政府説明」が絶対的権威をもつかのようにいう最高裁。その元長官・山口繁氏の言葉を借りると、「そもそも米国は旧（日米安保）条約で日本による集団的自衛権の行使を考えていなかった。集団的自衛権を意識して判決が書かれたとはとうてい考えられない」（「東京新聞」15年9月4日）ということになります。

山口氏の指摘のとおり、この裁判では、集団的自衛権が意識される余地はなかったのです。それは、52年安保条約はもともと集団的自衛権を含まないものとして締結されているからです。安保条約締結時の外務省条約局長・西村熊雄の証言です。

「（日本側は）国連憲章51条をよりどころとした集団的自衛権の行使として、日本にたいする武力攻撃には、共同で対処する義務を負うことを盛り込むよう提案しました。しかし、アメリカは当初、日本が米軍を守る体制にないことを指摘し、『日本区域の平和と安全のため日米間に集団的自衛取極めをアメリカと締結する資格は（日本には）ない、なるべく早く資格のある国になってもらいたい、そうなるまでの間日本に軍隊をおいて守ってあげる』というものだった」（西村熊雄『サンフランシスコ条約―日米安保条約』）

もっとも、「日本に軍隊をおいて守ってあげる」との表明にもかかわらず、条約交渉の最終段階では、日本防衛を在日米軍の「義務」として規定することも拒否されました。アメリカには、アメリカが一方的に他国防衛の義務を負う約束はしないとのバンデンバーグ決議（1948年）があるからです。結局、52年安保条約は日本が米軍に基地提供の義務を負うだけの「基地貸与条約」にとどめられました。その経過を知るなら、砂川事件裁判で集団的自衛権など問題にならないことは明らかです（詳細は第3章を参照）。

■結論部分を正反対に解釈―「72年政府見解」

72年政府見解についてはどうでしょうか。

そもそもこの文書は、「集団的自衛権が行使できない憲法上の根拠規定を明らかにせよ」との社会党の水口宏三議員の質問に答え、参議院決算委員会に資料として提出されたものです。その背景には、69年11月の佐藤・ニクソン共同声明で朝鮮半島の安全は日本の安全にとって「エッセンシャル＝緊要」と規定されたことをめぐる水口議員と政府のやりとりがあります。そこでは水口議員が、「韓国が武力攻撃を受けその安全を脅かされた場合、これは即日本の安全が脅かされたものというふうにわれわれは常識的に受け取る。そうなると当然これは集団的自衛権の発動ということがありうるのではないか」と質問したのにたいし、佐藤首相は、「韓国が侵略された、あるいは韓国に事変が起きた、それが直ちに日本の侵略あるいは日本の事変と考える、これは行き過ぎだと思う」と水口議員の指摘を正面から否定しました（参院内閣委員会72年5月12日）。

実は1963年に米軍の朝鮮有事を想定し、自衛隊が米軍と共同作戦をおこなう「三矢作戦計画」がつくられたという経過もあり、水口議員の質問はたんなる憶測としてすませられるものではありませんでした。そこで水口議員はこの佐藤首相の答弁を不服としてさらに追及しましたが、そのことへの回答として文書で提出されたのが72年政府見解（72年10月14日）です。

その政府見解では、「我が国が国際法上、右の集団的自衛権を有していることは主権国家である以上、当然」と集団的自衛権は主権国がもっている一般的権利であることを認めつつも、「だからといって、平和主義をその基本原則とする憲法が、右にいう自衛のための措置を無制限に認めているとは解されない」として、前述の「自衛権行使の3要件」を示し、「外国に加えられた武力攻撃を阻止することを内容とするいわゆる集団的自衛権の行使は、憲法上許されない」と結論づけています。

このように明確な論理で72年には「許されない」としていた集団的自衛権行使を、「許される」とまったく反対の方向に転換することがどうして「整合性」をもちうるのでしょうか。

今回の「政府説明」は、「ただ、72年以来の40年以上の間において、国際情勢は変化しました。現在では、日本と密接な関係にある他国に対する武力攻撃が発生した場合においても、そのままでは、すなわち、その状況のもと、武力を用いた対処をしなければ、国民に日本が武力攻撃を受けた場合と同様な深刻・重大な被害が及ぶことが明らかな状況があり得ます」と情勢が厳しくなっているとしています。40年たって情勢がかわったということだけが、その理由です。ただ「政府解説」も閣議決定の線に沿って、集団的自衛権行使を全面的に認めるわけではなく、「あくまでも、『日本を防衛するため』のやむを得ない自衛の措置として初めて許容される、限定的なもの」であることを強調しています。

しかし、72年当時の論戦も情勢の緊迫を理由に集団的自衛権を行使するかどうかをめぐっておこなわれているのです。その時と現在とどれほど情勢が変化しているか、それを客観的におしはかる方法はなく、多分に主観的判断に頼らざるをえません。見ようによっては、東西冷戦のなかで中国やソ連（ソビエト連邦）が大国主義をむき出しにしていた当時のほうが危険だったともいえます。

また、その外国に対する武力攻撃が、「我が国の安全に重大な影響」を及ぼすものかどうか、反撃が「必要最小限」のものなのかどうか、それを判断するのは誰なのかも明らかにされていません。

これでは「限定的」とするための歯止めにはなりません。もともと「必用最小限度」にとどめるための具体的歯止めとして、国連憲章51条では、武力による反撃は「国際連合加盟国に対して武力攻撃が発生した場合」から、「安全保障理事会が国際の平和及び安全の維持に必要な措置をとるまでの間」に限定しています。この点について、阪田雅裕元法制局長官は、国会の参考人質疑でこう述べています。

「交戦権がない結果として、従来、我が国は、外国が攻めてきたときも必要最小限度の実力行使しかできないんだ。それは何のための必要最小限度であったかというと、その外国の侵略行為を排除するために必要最小限度なので、敵が撃ち方をやめているのに、ずっと追いかけていって外国の領土、領海に入る。そして敵を殲滅《せんめつ》するというようなことは許されない」「今回、もし集団的自衛権が、限定的であるとしても行使した場合に、そもそもそれは外国に行って戦うことを意味するわけですから、この交戦権との関係で、必要最小限度というのは一体何なんだろう」（2015年6月22日、衆院平和安全法制特別委員会。〈以下、平安特委〉）と指摘しています。

戦争法は、「必用最小限度」という言葉も、たんなる飾り言葉にしてしまっているのではないでしょうか。

■「立法事実」の破たん

では安倍首相は、具体的にどのような場合を、「日本と密接な関係にある他国に対する武力攻撃」

によって「日本の存立が脅かされ、国民の生命、自由及び幸福追求の権利が根底から覆される明白な危険がある場合」と考えているのでしょうか。安倍首相が集団的自衛権容認の閣議決定直後に具体例としてあげたのが、「邦人輸送の米軍支援」と、「ホルムズ海峡の機雷掃海」です。

まず、紙芝居を使うという演出までして説明した「邦人輸送の米艦援護」です。戦争法案の国会審議の中でも、安倍首相はあらためて、「我が国近隣で紛争が発生し、取り残された多数の邦人を米国の船舶が輸送している際に、その船舶に対して武力攻撃がなされても日本人を守ることはできない…果たしてこれでいいのか。常に私たちは、日本国民の命、幸せな暮らしを守る、その義務の中において何をすべきか、考え抜く責任がある…そのための法制だ」（15年6月26日、衆院平安特委）と胸をはりました。朝鮮半島有事を想定したこの話を聞いて、安倍首相は国民のことを考えていると受け止めた人も少なくないかもしれません。

しかし、もともと米軍にとっては「米市民の避難が最優先であり、外国人の避難支援は確約しない」（10年12月、米統合参謀本部決定）ことになっています。かりに日本人を載せた米艦が攻撃されるとすれば、それを援護する自衛艦も含めて丸ごと攻撃対象にされ、それこそ被害を拡大することになるのではないでしょうか。しかし、そんなことはあり得ません。「米イージス艦が日本に助けてもらわなければならないような、少ない船団で行動することがあるのか」と国会で追及されると、安倍首相も、「（米艦は）一隻単独で来ることはない。米軍は自己完結型だから、できる限り防備を固めてくる」と認めざるをえませんでした（同8月4日、衆院平安特委）。

さらに、中谷元・防衛相が、「邦人が乗っているかは判断の要素の一つではあるが、絶対のものではない」（8月26日、同前）と言い、イージス艦だけを守るのではなく、米軍の早期警戒機などの航空機や米軍のミサイルシステムを全体として防護することになる、と、それまでの安倍首相の発言を否定する（9月9日、同前）に及んで、安倍首相も、「日本人が乗船していない船を護り得る」とそれまでの説明を転換せざるをえなくなりました（9月11日、同前）。「日本人の命と幸せな暮らしを守るための法制だ」という説明を大きく変え、日本人が乗っているかどうかは問題ではなく、また日本が攻撃されていなくても、米艦の防護を可能にするための法案であることを認めざるを得なくなったのです。

つぎに「ホルムズ海峡の機雷掃海」です。安倍首相は、イランがアメリカと戦争状態になりホルムズ海峡に機雷を敷設すれば、世界的な石油の供給不足が生じて日本の国民生活にも死活的な影響を及ぼすとの説明を繰り返し、機雷掃海のためにホルムズ海峡へ自衛隊を派兵することは、「武力行使の目的を持って武装した部隊を他国の領土、領海、領空へ派遣するいわゆる海外派兵は一般に許されない中において、（例外的に許される）典型的な例」であり、「それ以外は私の念頭にない」と言い切り（6月1日、衆院平安特委）、その重要性を強調しました。

しかし、外務省が2010年に作成した内部資料では、「イランは一時的に同海峡（ホルムズ海峡）を『封鎖』ないし通行を妨害する能力はあるが、軍事対応がある『封鎖』は、長時間維持できないと見られる」とし、さらに「イランの原油輸出はホルムズ海峡経由でおこなわれており、海峡『封鎖』はイランにとっても重大な決断を要するもの」と述べています。原油輸出ができなくなり、イラン経済が破たんするというのです。

さらに、15年夏迄にイランとアメリカ等の核問題の協議が前進するなかで、イラン側から「機雷敷設などありえない」との発言があると、安倍首相は手の平をかえすように、「特定の国がホルムズ海峡に機雷を敷設することを想定しているわけではない」（7月10日、参院本会議）と軌道修正、さらに「今現在の国際情勢に照らせば、現実の問題として発生することを想定しているわけではありません」（9月14日、参院平安特委）と転換するしまつです。

結局、安倍首相は、「どのような武力行使がどのように許されるかは、実際に発生した事態の個別的な状況に照らして総合的に判断する必要がある」と具体的な例をあげることができず、「法律にこれを規定することは困難である」「個別的自衛権の場合も同様で、この必要最小限度について、かかる規定は設けられていなかった」と答弁しています（7月30日、同前）。みずから上げた集団的自衛権の「限定的」行使の具体例をあげることができないと宣言したわけです。

濱田邦夫・元最高裁判事は、「国民の納得性というものがあって初めて新しい法律というのはできるべきもの」だが、「立法事実そのもの、政府、安倍総理等の答弁というのがどんどん変わって、現在ではいずれも該当しないということになっている…それでも強行採決をするというのはどうも納得がいかない」と、もはや戦争法制定の根拠は失われたことを指摘しています（15年9月15日、参院中央公聴会）。

まさに政府の集団的自衛権容認論は、立法事実そのものが成り立たず、入り口で破たんしているのです。

■「立憲主義」を破壊した安倍政権

問われているのは、情勢が変化したと政府が判断しさえすれば、これまでの憲法解釈を180度転換してもよいのかということです。

山口繁・元最高裁長官は、中央公聴会で「集団的自衛権を認める立法は違憲」と述べたうえで、「（集団的自衛権は憲法違反という）憲法解釈が60余年とられ、国民の支持を得てきたという事実は重い。それは単なる解釈ではなく規範へと昇格しているのではないか。9条の骨肉化している解釈を変えて、集団的自衛権を行使したいのなら、9条を改正するのが筋だ」と語っています。

さらに内閣法制局長官経験者や学者を結集した「国民安保法制懇」は、集団的自衛権容認の閣議決定の撤回を求めるつぎのような声明を発表しています（14年9月29日）。

「7月1日閣議決定は、憲法9条の存在意義をほとんど無に帰すばかりでなく、憲法によって政治権力を制約するという立憲主義を覆すものでもある。……今回の閣議決定は、立憲主義に深刻な打撃を与えた。中長期的に遵守すべき、どんな政治勢力によって構成される政府であっても、その権限をしばるべき憲法の意味を、ある特定時点で政権の座にある人々の判断で変更してしまうという前例を残した点において、その影響は将来にわたって長期に及ぶ」

戦争法反対の運動が大きく広がった理由のひとつに、９条を支持するか否かにかかわらず、政府の都合によってその解釈を変えてしまう「立憲主義」の否定に強く反発する人びとが少なくなかったことがあげられることは前に述べたとおりです。「立憲主義」についての理解はいろいろありますが、最低限、権力を行使するもののその権力行使の在り方を憲法によって拘束する＝「委任された統治権は、いかなる種類のものであっても、その委任の条件に変更を加えることはできない」（シェイエス『第3身分とはなにか』）という理解では大方の一致がみられるのではないでしょうか。

ところが安倍首相は、そうした考え方は「かつて王権が絶対権力をもっていた時代の主流的な考え方」といい、立憲主義とは、「主権者たる国民がその意思に基づいて、憲法において国家権力の行使の在り方を定め、これによって国民の基本的人権を保障する近代憲法の基本となる考え方でありまして、日本国憲法も同様の考え方に立って制定されている」との理解を表明しています（参院予算委14年5月29日）。たしかに憲法において国民の基本的人権を保障することも「立憲主義」の一面には違いありません。しかし安倍首相はその指摘だけにとどめ、「権力を拘束するもの」と認めることを巧妙に避けています。日本国憲法が「国務大臣、国会議員、裁判官その他の公務員」の憲法尊重擁護義務を定めていること（第99条）など眼中になきがごとしです。

しかも、安倍首相が本当に国民の人権を守るために憲法があると考えているのかというと、そうではありません。安倍首相の憲法観を具体化したものといえる自民党の「日本国憲法改正草案」（２０１２年）をみると明白になります。

この点について自民党改憲案は、「自由及び権利には責任及び義務が伴うことを自覚し、常に公益及び公の秩序に反してはならない」（第12条）と、国家が考える「公益及び公の秩序」にもとづいて国民の人権をいかようにも制約してもよいとする立場です。そしてそのような権力を行使する者を憲法が権力によって拘束するという以前に、逆に、自民党改憲案では「すべて国民は、この憲法を尊重しなければならない」（自民党改憲案第102条）と規定することを提唱しています（詳細は174ページ参照）。解説した「Q＆A」によれば、「憲法も法であり、（国民が）遵守するのはあまりにも当然」としているように、安倍首相の実際の行動はこの自民党改憲案の先取りし、自らは憲法に拘束されず、国民を内閣の決定に従わせようというものです。

自民党改憲案＝「日本国憲法改正草案」
自民党が野党だった時期の2012年４月に発表。
「Q＆A」＝「日本国憲法草案Q＆A」
自民党憲法改正推進本部発行（2012年10月）。
２文書とも自民党HPで公開中。
168ページ参照。

(2)「抑止力」掲げ米軍との共同作戦

これまで見てきたように、「立憲主義」をも否定して戦争法を強行した理由について、「『なぜ』『いま』平和安全法制か？（首相官邸ホームページ）」で「政府解説」が何よりも強調していることは、「日本周辺の安全保障環境」が厳しさを増していることであり、さらに「国際社会全体の安全保障環境も変化」しているということです。つまり、日本周辺でも世界全体でも以前と比べて軍事情勢が厳しくなっており、その「厳しさ」にたいする対応策をうちだしたのが戦争法というわけです。

■「抑止力」を強めれば、戦争も戦死もなくなる？

まず、「日本周辺の安全保障環境」の変化です。

「政府解説」はその具体的な例として、北朝鮮が「核・ミサイルやサイバーなどといった軍事的能力を維持・強化していると考えられるほか、核実験やミサイルの発射を強行するなど、軍事的な挑発的言動を繰り返して」いることをあげています。また中国が、「軍事力を広範かつ急速に強化」し「公表国防費の名目上の規模は、１９８８年度から27年間で約41倍、２００５年度から10年間で約３・６倍」に急増させ、「『海警』などの公船が、ほぼ毎日、沖縄県・尖閣諸島周辺の接続水域に入るようになり…領海侵入を繰り返して」いるとしています。

これらの脅威から日本を守るには何が必要か。「政府解説」は、「日本の平和安全を確保するためには、紛争を未然に防ぐ力、つまり、『抑止力』を高めることが必要」であるといい、そのための戦争法（安全保障法制）だといいます。つまり、「今回の法制は、日本に対する攻撃あるいはその可能性を未然に摘むために、日本自身が『すきまの無い態勢を構築する』、また日本の防衛に不可欠な日米安保体制を強化することを目指すもの」だというのです。

では、そもそも「抑止力」とは何か。「政府解説」によると、それは東西冷戦下でひんぱんにおこなわれるようになった論議で、「兵器を持っているある国が、他の国を攻撃しないのは『もし実際に攻撃した場合には、攻撃された国からこっぴどい反撃を受け、却って自分自身が危うくなる、だから、初めから他の国への攻撃を思いとどまるのだ』という論議」であり、「仮に、日本が攻撃を受けたり、争いに巻き込まれたりするリスクが全く無くなれば、戦争も起こらず、防衛力を行使する必要もなく、自衛隊員が傷つくリスクも無くなる」といいます。

これは、日本側には外国から「武力攻撃を受けたり、争いに巻き込まれたりする」理由は何もないのに、どこかの国が日本を攻撃しようとしているから、やむなくそれへの対応として武力を強化するという、日本をひたすら「受身」の立場に置く議論です。

しかし「抑止力」を高めるために戦争法がめざすものは、たんに「日本自身が『すきまの無い態勢を構築する』」ためだけではありません。むしろ「日米安保体制の強化」にこそ真のねらいがあります。これまでとは質の違ったものへと「安保体制」を強化していこうとしており、そのためには集団的自衛権の行使にまで踏み込むことが不可欠とされているのです。

つまり、安倍首相が具体例としてあげた「邦人輸送の米艦援護」や「ホルムズ海峡の機雷除去」があっさり破綻したように、実際には「日本人の命と幸せな暮らしを守るため」ではなく、アメリカの戦争に、いつでも、どこでも、どんな戦争であっても集団的自衛権を行使して参加していくことになります。

「武力攻撃を受けたり、争いに巻き込まれたりする」理由を、日本が積極的につくっていくのが戦争法なのです。

■徹底したアメリカ従属のもとでの日本の役割拡大

１９９０年代に入って自衛隊がＰＫＯなどで海外に出ていくようになってからも、政府は、自衛隊は武力行使をしないから「海外派兵」ではなく、公務員の海外出張とおなじ「海外派遣」だと言いぬけ、補給や輸送などで米軍の軍事作戦を支援する場合でも、米軍の武力行使と一体化しないから集団的自衛権の行使にあたらないとの「論理」を展開してきました。しかし、これは霞ヶ関の官僚が頭のなかでつくりだした「論理」であって、とうてい国際社会では通用しません。

さらに、13年10月の日米の外務・防衛の閣僚で構成する日米防衛協力委員会（２＋２）において、「日米同盟の枠組みにおける日本の役割を拡大」することを約束し、14年改定（を予定した）の新ガイドラインでそのことを日米政府間の合意にするにおよんで、それでも「集団的自衛権の行使」にならないとは言っていられなくなりました。そこで14年７月には集団的自衛権行使容認の閣議決定をおこない、次項でみるような米軍支援を大幅に拡大する内容を盛り込んだ戦争法が15年９月19日に強行されたのです。

これほどまでにアメリカが日本の役割拡大を求めている背景として、日本政府は、「国際社会において、かつてないほどパワーバランスが変化」していることをあげています。それは中国、インドなどが「国際社会における存在感をますます高めている」のに比して、アメリカの「国際社会における影響力は変化している（著者注・「低下している」）」ためという見方をしています（13年12月閣議決定「国家安全保障戦略」）。

アメリカの影響力の低下の大きな要因の一つは、深刻な財政危機にあります。平時でも世界の軍事費総額の半分近くをしめていたアメリカの軍事費は、アフガニスタン戦争開始の03年には404 9億ドルであったのが、イラク戦争開始後の10年には6928億ドルと1・5倍以上に膨れ上がりました。これではアメリカ経済がもつはずはありません。

その結果10年で約3800億ドル軍事費を削減するとの議会決議がなされ、世界中に設置している米軍基地を縮小したり、52万人の陸軍兵力を44万人に削減（14年3月QDR〔4年ごとの国防計画見直し〕）するなどの措置をとらざるを得なくなっているのです。

「日本の役割拡大」とは、こうして削減されたアメリカの戦力の穴埋めをおこない、日本をアメリカと肩を並べて戦争する国にしようというのです。

■「同盟調整メカニズム」常設で政府全体を縛る

では、日本による米軍への支援は、どのようにして決定されるのでしょうか。

戦争法成立直後の15年11月3日には、中谷防衛大臣とカーター米国防長官のあいだで、平時から非常時までの「同盟調整メカニズム（機構）」と「共同計画メカニズム」を設置することが合意されました。「日米両政府は、情報共有を強化し、切れ目のない、実効的な、すべての関係機関を含む政府全体にわたる同盟内の調整を確保するため、…平時から利用可能な同盟調整メカニズムを設置し、運用面の調整を強化し、共同計画の策定を強化する」（共同発表）

―平時、有事を問わず、地球上のどこでおこっていることについても情報を共有し、政策的対応を調整し、共同作戦の計画をつくり、自衛隊と米軍の活動に関して装備や運用、分担を決める、という確認をしたのです。

これは２０１５年ガイドライン（11ページ参照）で約束した「平時から緊急事態までのいかなる状況においても日本の平和及び安全を確保するため、また、アジア太平洋地域及びこれを超えた地域が安定し、平和で繁栄したものとなるよう日米両国間の安全保障協力及び防衛協力を行う」ことを忠実に実行に移しているということになります。

この「共同計画」がつくられるにいたった経過について、防衛省統合幕僚監部が戦争法の国会審議に先立って作成した内部文書では、「共同計画については、旧ガイドラインでは『検討を行う』とされていましたが、本ガイドラインをもって、策定・更新の実施が明記されたのが特徴」、「これまでは日米共同計画の存在は対外的には明示されていませんでしたが、今後は共同計画の『策定』と位置付けられ、日米共同計画の存在を対外的に明示すること」となり、「抑止の面で極めて重要な意義を有する」などと説明しています（「『日米防衛協力のための指針』（ガイドライン）及び平和安全保障法制について」15年5月頃作成。〔8月11日参院平安特委で小池晃氏（日本共産党）が内部告発にもとづき公表したもの〕）。

つまり、これまでは平時から有事にいたるまでの日米共同計画といったものはつくられていませんでしたが、今後はもつことを公然と確認しあったわけです。

もちろんその場合、「情報をもって主導権を持っている方が、主従関係からいえば主に決まっているわけですから、言い換えれば、より従属関係を深めていく」（柳澤協二・元内閣官房副長官補、7月1日、衆院安保特委）ということになります。平時から戦時にいたるまで、自衛隊はいっそう深く米軍の従属下に置かれることになります。

たとえば、集団的自衛権を行使する場合に、「日本と密接な関係にある他国」＝アメリカに対する武力攻撃が発生しているかどうか、その重大性はどの程度か、それが「日本の平和と安全、国民の生命、自由および幸福追求の権利を根底から覆す」ものかどうか、どれだけの自衛隊を動員してその事態にどのように対応するのか、等々の判断をしなければなりません。しかし、その判断は決して容易ではありません。「情報はあげて要請国からの情報によらざるをえないし、ことは緊急を要する。結局、要請国の言いなりにならざるをえないであろう」（宮崎礼壹『世界』14年8月号）ということになります。つまり、アメリカの戦争に日本が集団的自衛権を行使して参加すべきかどうかを判断するのは、アメリカなのです。

しかも、アメリカは、自国への武力攻撃がおこなわれていないにもかかわらず「自衛」を口実に先制攻撃の戦争を開始している例は決して少なくありません。近年では、イラク戦争がその典型です。この場合、アメリカはイラクのフセイン政権の大量破壊兵器保有を口実にしましたが、アメリカ自身その後、そうした事実はなかったことを認めています。この時にも、日本はアメリカの「イラクが大量破壊兵器を保有している」という話をそのまま信じてイラクに自衛隊を送って支援しましたが、このことへの反省はしていません。

こうしたアメリカ言いなりは、戦争法によってさらに深刻度を増すことになるでしょう。

■平時から米軍と共同作戦―武器使用の拡大

では、自衛隊がおこなう米軍との共同作戦とはどのようなものでしょうか。

これまでの文書には「平時から有事事態まで切れ目なく」という言葉が繰り返し登場します。その場合まず登場するのが、「純然たる平時でも有事でもない事態」（いわゆるグレーゾーン事態）です。その例としては、離島の周辺地域等における外部からの武力攻撃にいたらない侵害があげられています。こうした事態にたいし閣議決定は自衛隊の治安出動、海上警備行動発令の手続きの迅速化などをうちだしました。ところがガイドラインではこの事態には、「着上陸侵攻を阻止し排除するための作戦」など自衛隊があくまで「主体的に」対応することになっており、米軍は自衛隊の作戦を「支援し補完」するだけということになっています。その支援や補完がどのような内容になるかは明らかではありませんが、日本が集団的自衛権行使に踏み出せば、アメリカは日本の離島防衛にも力を貸すというメリットもあるとの印象を与えます。

しかし、この離島防衛問題は、集団的自衛権の問題を持ち出すまでもなく、実は日米安保条約にかかわる問題なのです。それは、オバマ大統領が14年4月の日米会談後の記者会見で尖閣諸島防衛について、「日米安保条約第5条の適用対象となる」と述べているとおりです。つまり安保条約5条にもとづく日米共同作戦の対象なのです。それを集団的自衛権にかかわる問題であるかのようにいうのは、できるだけ集団的自衛権行使の対象をひろげるためではないでしょうか。

戦争法ではこの離島防衛に関連して自衛隊法95条が改悪されました。そこでは、米軍だけでなく、「その他の外国の軍隊」が「我が国の防衛に資する活動」をする場合にまで対象を拡大し、その武器、弾薬、火薬、船舶、航空機、車両通信設備等の「武器防護」のために自衛隊が武器を使用するとされています。ここにいう外国軍隊による「我が国の防衛に資するための活動」について、政府は共同訓練を含み「事態等が拡大した場合における我が国を防衛するための活動の実施に支障を生じる」ようなケースと説明しています。共同訓練まで含むといいますが、どのような活動がそれに該当するのか政府の説明はまったく抽象的であいまいといわざるをえません。

しかもその外国軍隊は「事前にこの国であると決めているものではない」(岸田外務大臣、15年6月1日、衆院平安特委)といくらでも広げられるのです。

これまでは、自衛隊員の「自己防衛」に限定されていた武器の使用を、米軍やその他の国の軍隊の武器擁護のためにおこなうというのです。

たとえば、14年10~11月にかけて海上自衛隊護衛艦「さざなみ」が、米空母機動部隊と「日米共同海外巡航訓練」と称し日本からグアム、南シナ海を含むフィリピンにいたる地域で共同行動しています。このとき、米軍と中国軍などの偶発的衝突事件が発生した場合、従来なら自衛隊は自分に対する攻撃でなければ武器を使用して対応することができなかったのに、戦争法のもとでは米軍あるいは近くにいる外国軍隊等の「武器防護」を口実に参戦できることになったのです。

■後方支援＝兵站《へいたん》は「格好の標的」

戦時における米軍との共同作戦において自衛隊の中心的な任務とされているのは、米軍への「後方支援」です。「後方支援」というと控え目な軍事行動の印象をうけますが、軍事用語の「兵站」を言い換えただけです。それは弾薬や燃料などの補給、武器・弾薬・兵員などの輸送、壊れた戦車の修理、傷病兵の医療、通信情報支援など、軍隊が戦闘行為をおこなうのに欠かせない軍事行動を意味します。

この「後方支援」という言葉に似たものとして、1999年の「周辺事態法」では「後方地域支援」という言葉が使われました。朝鮮半島有事でアメリカが日本「周辺地域」で軍事行動を起こしたとき、自衛隊は、その「戦闘地域」からは離れた「後方地域」で、補給、修理、輸送、医療などの支援をおこなうという意味だと説明されました。これは、米軍の武力行使と一体化さえしなければ憲法9条が禁止している「武力の行使」にあたらないし、集団的自衛権の行使にもあたらないと、米軍への支援行動を「合理化」するために当時の政府が新しく考え出した言葉にすぎません。日本が直接に武力行使をしなくとも、他国の武力行使を支援する行動をおこなえば、それは他国の軍事活動の一環とみなされるのは世界では常識です。

戦争法では、この兵站を「現に戦闘行為がおこなわれている現場では実施しない」（たとえば重要影響事態法2条）としていますが、現在戦闘がおこなわれていなければ、どこへでも出かけていって米軍と一体となって行動するということです。しかし「戦闘地域」はそれがいつまでも固定されているわけではなく、戦闘の展開しだいで変わっていきます。今日は「戦闘地域」ではなくとも、明日には「戦闘地域」になりうるのです。しかも周辺事態法では、「弾薬提供」や「発進準備中の航空機に対する給油・整備」等々軍事行動に直結する行為は行なわないとされていました。米軍の軍事行動との一体化という批判をさけるためです。戦争法はこれらも自衛隊がおこなう兵站の任務につけくわえました。これも、公然と集団的自衛権行使を容認する立場に立った結果です。

こうした兵站について、米軍の『海兵隊教本』は、「兵たんの部隊、設備、施設は、単なる攻撃対象ではなく、軍事行動の格好の標的であることを認識する必要がある」と書いています。武器や弾薬、燃料、兵士の食物など届かなければ戦争を継続することができません。戦闘相手国にとってはまず狙うべき対象といえます。つまり、自衛隊が到着したときには「現に戦闘がおこなわれている現場」でなくとも、任務についている時に攻撃を受ける危険性の高い活動であり、その場合は自衛隊も武器をとって反撃するとの答弁がなされています。こうして自衛隊員は兵站をつうじて米軍の一部として戦うことになります。米陸軍の環境政策研究所の報告（09年9月作成）によると、03年から07年までの5年間にイラクとアフガニスタンでの補給任務での死傷者数はイラクで2858人、アフガニスタンで188人にのぼります。

「政府解説」がいうように「日本が攻撃を受けたり、争いにまきこまれたりするリスク」、「自衛隊員が傷つくリスク」がなくなるなどというのは、こうした実態をみない、まったくのデタラメです。

■南シナ海への自衛艦派遣も

そうしたことにおかまいなく、安倍首相の答弁はどんどんエスカレートします。

安倍首相は自らホルムズ海峡の機雷封鎖を否定した後、今度は「機雷掃海、南シナ海排除せず」（7月29日、参院平安特委）と、中国が人工島建設をすすめている南シナ海での機雷掃海に言及する答弁を繰り返し、「中国名指しに転換」（「産経」7月30日）との指摘さえなされました。しかし南シナ海の場合は安倍首相も認めたように、機雷封鎖されても迂回が可能であり、原油輸入が止まって日本国民の生活が根底から覆されるようなことはありません。

ところが、戦争法成立後には中谷元・防衛大臣とカーター米国防長官の会談（15年11月3日）では、南シナ海で中国のおこなっている人工島建設に対抗する米艦のデモンストレーションへの「支持」を表明、さらにその後の安倍・オバマ会談（11月19日）では、安倍首相は「南シナ海での米軍の『航行の自由作戦』を支持する」とし、「南シナ海での自衛隊の活動は、日本の安全保障に与える影響を注視しつつ検討する」と自衛艦の派遣にまで踏み込んだ発言をおこなっています。

それだけではありません。安倍首相はさらにオバマ大統領との会談で、「（東南アジア諸国連合＝ASEAN）への自衛隊による能力構築支援、防衛装備協力などの支援を組み合わせ、関係各国を支援する」とも述べたといいます。南シナ海で中国と領有権問題を抱えているフィリピンやベトナムなどへの巡視船供与のほか、人材育成分野でも支援を拡大するというのがその内容です。日米両政府は、中国に比べ装備面で格段に劣っているＡＳＥＡＮ各国の警戒監視能力を向上させることも重視しているからといいます（15年11月20日「読売」）。

しかしＡＳＥＡＮと中国の間では２００２年、「南シナ海における関係国の共同宣言」（ＤＯＣ）を採択しています。そこでは、領有権をめぐる紛争の平和的解決を目指し敵対的行動を自省すること、そのためにも軍関係者の相互交流や環境調査協力を実施することで信頼関係を高めることが約束され、２０１１年にはＡＳＥＡＮ諸国と中国はＤＯＣを発展させ、より拘束力ある行動規範を策定することで合意しています。このように、地域内の国々が自主的に紛争の平和的解決をめざして努力しているにもかかわらず、日本がＡＳＥＡＮ地域の軍事支援をすることは、ことさらにこの地域の緊張を高め、地域の平和をかく乱するものになり、中国の日本に対する敵対心をいっそうあおることになっているのはいうまでもありません。しかも、その紛争が「我が国の存立を脅かす」ものとはいえない状況のもとでの介入が許されないのは当然です。

たしかに12年のアーミテージ・レポートも、「（日本は）米国と共同して南シナ海の監視を増強すべきである」と述べています。その大きな背景には、アジア太平洋への「リバランス」（再配置＝アジア太平洋重視政策）というオバマ政権の世界戦略があります。

しかし、それはアメリカが軍事一本ヤリで中国との対決を強めようというものではありません。

「われわれは当事国に対して２００２年のＤＯＣに示された協力の精神をよみがえらせるよう促している。…南シナ海問題で前進する平和的、合法的で責任あるやり方を発見することは、われわれの長期的目標を達成する前提条件だといえる」（ラッセル国務次官補、15年7月21日、米戦略問題研究所主催「第5回南シナ海会議」）との発言があるように、安定に向けた地域の自主的な動きを尊重するという側面をもっています。それは、「オバマ政権が現在進めているのが、中国と東南アジア諸国との領土紛争へのコミットメントを通じて、５億６０００万人の巨大市場を擁する地域に『プレゼンス』を確保する」というねらいがあるからです（愛敬浩二「別冊法学セミナー・安保関連法制総批判」）。「抑止力」の名のもとに軍事的対応を強化することによってのみ地域の「安定」をはかろうとする安倍首相のやりかたは地域に混乱をもたらすだけです。

■米軍以外の軍隊も支援の対象

では、「国際社会全体の安全保障環境」の変化への対応としてはどのようなことを考えているのでしょうか。

戦争法は、「国際社会の平和及び安全を脅かす事態」（国際平和共同対処事態法第1条）にあたって、自衛隊が、国連ＰＫＯではない「諸外国の軍隊等」に対して、物品・役務の提供などの兵站、その「戦闘行為によって遭難した戦闘参加者について、その捜索又は救助を行う活動」への支援、さらに船舶検査活動などをおこなうとしています。これらをおこなうのはまったく初めてというわけではありません。アフガニスタン戦争の際には米軍を中心に組織された多国籍軍の各国艦艇への給油や物資の輸送をおこなったテロ特措法、イラク戦争にあたってはインフラ復興支援に加え米軍の空輸などもおこなったイラク特措法を制定してきた〝実績〟があります。ただ、これまでは、必要に応じてそのつど派兵地域や活動内容を限定して制定される「特措法」（特別措置法）という時限立法の方式をとっていたため、戦争法では恒久法の形式をとって、いつでも、どこへでも自衛隊を派兵できるようにしたことが新しい点です。

もっとも、こうした恒久法にもとづく集団的自衛権行使としての活動も、実質的には戦争法が初めてというわけではありません。すでに戦争法成立以前に自衛隊がアフリカ東部・ジブチに基地をつくり、ソマリア沖やアデン湾で実施している海賊対処活動（09年〜）は、米英を中心とする多国籍統合任務部隊の活動の一員としての活動であって、国際的には集団的自衛権行使とみられています。

例えば、「ソマリアやジブチで日本が行っていること（と『憲法九条で禁じられている』と日本人が信じている軍事活動）に何の違いがあるのですか？　21ヵ国と共同で海賊対処に当たっている日本の行動は、集団的自衛権の行使以外の何物でもないのです」（『日米同盟VS中国・北朝鮮　アーミテージ・ナイ緊急提言』２０１０年）と指摘されているとおりです。

ただ戦争法では、その行動内容を大幅に拡大しています。たとえば、「捜索救助」については、「現に戦闘行為をおこなっている現場であっても、当該遭難者に係る捜索救助活動を継続することができる」ことが確認されています（4月17日の与党協議で示された政府文書）。つまり、これまで自民党が求めつづけてきた「切れ目のない」自衛隊海外派兵を可能にする恒久法を戦争法のなかにねじこんだといいえます。

■真の「積極的平和」は武力依存を否定

実は、こうした自衛隊の国際的活動は、安倍首相の売り物である国家安全保障の基本理念としての「積極的平和主義」（正式には「国際協調主義にもとづく積極的平和主義」）の具体化という位置づけのもとに推進されてきました。この言葉は、「国際貢献」の大キャンペーンのもとに自衛隊の海外派兵がはじまった1990年代から使われはじめたもので、憲法の平和主義を「一国平和主義」あるいは「消極的平和主義」といって蔑《さげす》む言葉の対比で使われはじめた言葉です。「政府説明」ではこの言葉の意味を、「日米同盟を強化し、さまざまな国々との安全保障協力関係をつくる」ものと説明しています。つまり、日米同盟を軸とした軍事力で世界支配を強化しようとするものにほかなりません。

ところが、安倍首相がいう「積極的平和主義」と酷似する「積極的平和」という言葉は以前からあります。平和学の確立に功績を残したノルウエーのヨハン・ガルトゥングが生み出した言葉で、彼は、直接的・物理的な暴力によってもたらされる戦争のない状態を「消極的平和」と呼んだこととの対比として、貧困や搾取、差別のない平和への共同を呼びかけるためにこの言葉を使ったのです。安倍首相が言う「積極的平和主義」とガルトゥングの「積極的平和」は正反対の意味です。

その違いを端的に示すのがテロをどのように位置づけ、どのように対応するかの問題です。そもそもテロはどうしてこんにちみるように世界中に広がったのでしょうか。

２００９年9月11日にアメリカで同時多発テロが発生したとき、ブッシュ大統領はこれを犯罪ではなく「戦争」とみなし、しかもアフガニスタン国家の行為と一方的に決め付けてアフガンへの戦争を開始しました。さらに03年にはイラクが大量破壊兵器を保有しているといいがかりをつけてイラク戦争に突入しました。無差別な爆撃は多くの民衆の命を奪い、憎しみの連鎖をつくりだし、そして民衆の中の差別と貧困を拡大しました。それが土壌となって報復を目的としたテロリストをうみだし、無差別的なテロ行為に走らせるようになりました。アメリカ等は武力で制圧しようとしていますが、テロリストたちは民衆のなかにまぎれこんで矛先をかわしつつその勢力を拡大し、現在ではＩＳという国家にも匹敵するような巨大なテロ集団までうまれていることは周知のとおりです。安倍首相は、「積極的平和主義」の名のもとに、こうしたアメリカの武力行使優先のやり方を支持し、従ってきたのです。

武力ではテロはなくせない。これが歴史の教訓にほかなりません、何よりも大切なのは、国際社会の一致結束した取り組みです。テロ組織への資金や武器の流れをとめること、そしてテロリストを育てる土壌になっている貧困や宗教による差別などテロの土壌をなくすことです。ガルトゥングの「積極的平和」にはそうした意味がこめられているのです。

■戦乱が続いている地域でのＰＫＯ活動

ＰＫＯ等協力法も今回、戦争法の一環として大幅な追加と改悪がなされ、戦乱が続いている地域における自衛隊のＰＫＯ活動を大幅に拡大することになりました。安倍首相は、２０１３年９月の国連総会における一般演説で、「日本として、積極的平和主義の立場から、ＰＫＯを始め、国連の集団安全保障措置に対し、より一層積極的に参加できるよう、私は図ってまいります」と、それが「積極的平和主義」の精神にもとづくものであることを対外的にも宣伝しています。

これまでのＰＫＯ活動においては、武力紛争停止後の活動であることが強調され、紛争当事者による受け入れ同意、武器の不行使などが活動の条件とされてきました。しかし改悪法ではその活動に「紛争による混乱に伴う切迫した暴力の脅威からの住民の保護」があらたに追加された結果、紛争がつづいている地域であっても自衛隊が活動をおこなうことになり、実質的にこれまでの原則は後景においやられ、武器の使用は大幅に緩和されます。紛争当事者の受け入れ同意については、紛争当事者がその地域に「存在しなくなった場合」の項が付け加えられ、実質的には自衛隊を派遣することへの「同意」がなくても介入できることや、武力紛争を未然に防止するためにその国の了承を得て「予防展開」することなども追加されました。

戦争法施行後、まず具体化されようとしているのが、国連ＰＫＯでの「駆け付け警護」です。これも今回の改悪法で新たに追加された任務で、ＰＫＯ活動に従事する者の「生命又は身体に対する不測の侵害又は危難が生じ、又は生ずるおそれがある場合に、緊急の要請に対応して行なう当該活動者の生命及び身体の保護」がその内容です。つまり、自衛隊が武力攻撃を受けていなくても、離れた場所にいる他国の軍隊や文民の「警護」に駆け付け、敵対勢力を排除するのが任務となります。

中谷防衛大臣は、「自衛隊が戦闘行為をおこなうことはない」と述べましたが、日本共産党の志位和夫委員長は、「自衛隊がいったん武器の使用をすれば、相手方はさらに反撃する。そうなれば自衛隊は応戦することになります。撃ち合いが始まります。自衛隊は、相手方が攻撃を中止する、あるいは逃走するまで武器の使用を続けることになります。自衛隊がまさに戦闘することになるではありませんか」と、その言い逃れが成り立たないことを追及しました。これにたいし安倍首相は、「自衛隊自身が攻撃される可能性が100%ないとは、私は、申し上げたことはございません」と開きなおっています（15年5月27日、衆院平安特委）。

具体的には、南スーダンPKO（UNMISS）の自衛隊部隊から「新法制での運用」を開始する予定です。南スーダンでは、大統領と副大統領の権力闘争が引き金になり、13年12月についに激しい内戦となり、これまで240万人が家を追われ、虐殺、レイプ、拷問などの残虐行為が行なわれるという事態になっています。16年2月には、南スーダン北東部マラカルの国連軍キャンプに政府軍がおしいって、少なくとも18人が死亡し50人が負傷する事件がおこっています。政府軍と反政府軍の停戦協議は、米国などが仲裁に入っても合意にいたっておらず、こうした武装衝突が繰り返されています。すでに、「駆け付け警護と称し、対立するどこかの部族の一員を暴徒として殺したら、その部族は自衛隊を敵視する。自衛隊は内戦の当事者になる」（「東京」15年8月21日）、との指摘もなされています。

改悪法には、国連決議にもとづかない国際的な復興支援や治安維持活動も含まれています。アフガニスタンで治安維持活動をおこなった「国際治安支援部隊（ＩＳＡＦ）」型の活動への参加も否定されていません。そのアフガンの場合、形式上は停戦合意がありましたが、実際は戦乱が続いていました。ＩＳＡＦは米軍の対テロ戦争と混然一体になって３５００人の死者を出し、多くの住民を殺傷してきました。

このように自衛隊の任務が拡大すれば自衛隊員の命が危険にさらされる危険はきわめて現実味をおびてきており、日本にたいするテロの危険が高まってくることも警戒しないわけにはいきません。

（3）「外交重視」の中味

■首相のトップセールスで日本企業が「死の商人」に

「政府解説」も、いちおうは「日本を取り巻く脅威を減らし、国際紛争を防止するため、まず外交活動を優先」すると言います。しかし「政府解説」のいう「外交活動」というのは、安倍首相が「50以上の国や地域を訪問し、『積極的平和主義』を説いて」きたことを賛美し、継続することです。

安倍首相はたしかに精力的に世界をかけまわっています。しかし、それは50人から１００人前後の財界人を従えての「トップセールス」なのです。安倍首相は訪問先の国々で新幹線技術の売り込みを行い、道路や学校の建設援助など大盤振る舞いを約束していますが、そのための契約は同行した企業が請負います。

注目しなければならないのはそのセールスの中には、有害物質プルトニウムを排出する原発や、最新型兵器が含まれていることです。しかも、「13年4月から14年1月にかけてのロシア、中東、アフリカなど15回の外遊では、同行した企業の実数13社のうち軍需企業が11社をしめ」、12年には、そのうちの日立製作所と東芝が１４００万円、いすゞ自動車が１３１０万円、三菱重工が１０００万円を、政治資金団体「国民政治協会」を通じて自民党に献金していたということです（上脇博之・神戸学院大教授『前衛』15年11月号）。たとえばこの中の三菱重工は、オーストラリア陸軍の次期潜水艦の受注をフランス、ドイツの企業と争っていますが、安倍首相は15年11月と12月と連続的にターンブル豪首相と会談し、トップセールスで売り込みをはかっています。

日本経団連は、戦争法成立直前、「防衛産業の役割は一層高まり、その基盤の維持・強化には中長期的展望が必要」と、こうした武器などの防衛装備品輸出を「国家戦略として推進すべきだ」との提言を発表し、武器輸出への期待感を表明しています（15年9月10日）。まさに「死の商人」です。

こうした財界の意向を受けて、安倍内閣は戦争法の国会提出に先立つ14年4月、武器輸出3原則を撤廃する閣議決定をおこなっています。１９６７年、佐藤内閣のもとで打ち出された3原則——紛争国や国連が指定した国、共産圏諸国への武器や武器製造関連設備を輸出することを禁止するとしたこの原則は、１９７６年三木内閣のもとでは「国際紛争を助長することを回避する」ため前記の国以外への「武器輸出を慎む」とさらに拡大され、その後「憲法の平和主義の精神にのっとったもの」（81年2月衆院予算委、角田礼次郎内閣法制局長官）として国の在り方を縛る重要な規範となってきました。

ところが安倍内閣はこれを「防衛装備移転3原則」に置き換え、「①平和貢献・国際協力の積極的な推進に資する場合、又は②我が国の安全保障の資する場合等」というまったく抽象的な理由で武器輸出を認めることにしたのです。「日米で装備共同開発を加速させ、アジア向け供給網を構築」する（中谷防衛相）のもその狙いの一つです。これも安倍首相の言う「積極的平和主義」の一環とみなければなりません。

■ついに5兆円を突破した日本の軍事費

さらに「抑止力」論の立場に立てば、つねに相手を上回る軍事力をもっていなければ安心できないとの考えになるのは当然です。もちろん相手国も、こちらの軍事力を上まわる軍事力をもつことをめざすことになります。東西冷戦時代には米ソがそうした考えに立って激しい軍拡競争が展開されました。その結果、際限なく膨らむ軍事費に耐えられずソ連は崩壊、もう少し軍拡競争が続けばアメリカも持ちこたえられなかったという指摘もあります。

もちろん、新しい兵器の開発をめぐる競争も果てしなくつづくでしょう。20世紀に入ってからの戦争には、毒ガス、戦車、飛行機、さらには核兵器など科学の最先端が投入されました。

現在では宇宙開発です。情報収集衛星や、ミサイル誘導や艦船のナビゲーションに使われる米国の全地球測位システム（GPS）を補完するための準天頂衛星システムなど宇宙軍拡（日本では防衛費以外の名目で財政支出）も激化しています。人類の科学の成果の最先端が人殺しのために使われるのです。

こうした軍拡競争がとどまることをしらずに続けられれば、それは国家財政を大きく圧迫することになります。

戦争法成立翌年の16年度予算では、日本の軍事費をついに史上初の5兆円を超えるところまでおしあげてしまいました。「特徴は安保法で可能になる新任務に備えた防衛力整備」（「日経」15年12月4日）と指摘されるように、米軍への兵站を可能にする空中給油機ＫＣ46Ａ（1機231億円）の導入、敵のミサイル情報を米軍とリアルタイムで共有し、迎撃するシステムを搭載するといわれているイージス艦（1隻1743億円）の建造などが含まれています。

自衛隊への支出だけではありません。日本政府は「思いやり予算」―米軍基地で働く日本人従業員の給与などの労務費、米軍基地で使用される光熱水費、米軍基地の施設整備費、米空母艦載機の訓練移転費など―を2016年～20年度の5年間に約130億円増額し9465億円にすることにしました。当初、日本側は戦争法成立によって日本の軍事分担が増加したことや、沖縄県名護市辺野古の米軍新基地建設などの負担が増えていることから減額を求めましたが、米側はアジア太平洋地域に戦略の重心を置く「リバランス」（再配置）に伴う在日米軍の増強などを理由に大幅増額を要求、結局日本が屈したものです。米軍駐留経費全体に対する負担割合は、ドイツ約33％、イタリアの約41％にたいし、日本は約75％にも達するのです。

そのしわよせが社会保障や教育費の削減になっていることはいうまでもありません。「政府解説」は、情勢の厳しさを指摘した節のタイトルを「私たちの暮らしが脅威にさらされている？」としていますが、まさに国民の「暮らし」が脅威にさらされているのです。

■日本の軍事力強化にたいするアジア諸国の警戒

「政府解説」は中国の軍事費の増強への警戒を強調しますが、その批判はそのまま日本にもはね返ります。たしかに軍事費総額でいうと日本の世界9位を、中国は世界2位と大きく上まわっています（ストックホルム国際平和研究所、米ドル換算、２０１５年4月発表）が、日本の軍事費の額も人口や領土の広さ、さらには過去の侵略の歴史を考えればアジア諸国にとって「脅威」にほかなりません。

中国からみれば、「日本は数年来、さまざまなことを口実に軍備を拡充して戦力を増強し、他国との合同軍事演習を頻繁に実施している。また、日本の指導者はたびたび無責任な発言をして、第2次大戦時の侵略の歴史を覆そうと企図しているが、こういった動向はアジアの隣国や国際社会に強い憂慮と警戒を引き起こさざるを得ない」ということになるのです（日本の13年度『防衛白書』について。中国攻防部・耿雁生《グンイェンション》報道官13年7月11日）。前にみたように中国は、ＡＳＥＡＮ地域では紛争の話し合いによる平和的解決のよびかけを受けて合意点をめざす努力がねばり強くおこなっています。

日本が尖閣諸島問題を「解決済み」として話し合いそのものを拒否しているのとは違います。

北朝鮮の「脅威」にしても、核実験や弾道ミサイルの発射は決して許される行為ではありませんが、自民党の高村副総裁のように「（北朝鮮は）核もミサイルも開発している。それを止めるのは抑止力以外にない」（15年7月4日）などというのは逆効果です。戦争法ができても北朝鮮は核実験やミサイル発射をやめませんでした。北朝鮮の側からすればそれが「抑止力」ということになるのです。

北朝鮮であっても、政権維持が目的であり自分の政権が倒れるようなことはしません。核実験などの挑発的行為を繰り返す「瀬戸際外交」も、軍事的対立をめざすものではなく、いかに有利に自分の外交を展開するかにあります。「北朝鮮による韓国への侵略は、全くありそうにない。なぜなら、北朝鮮は敗北することを知っているからだ」（ブレア元太平洋司令官、15年4月14日、外国特派員協会での講演）というのがアメリカの評価です。せっかくうみだした6ヵ国協議の再開にむけて国際社会全体が団結してせまることによってこそ、その打開をはかる道が開けます。

もともと国と国の関係は、軍事面だけでなく、経済、文化などの面をトータルにとらえ、いま起きていることを判断しなければなりません。現在の国際状況を考えれば、ある日突然、中国や北朝鮮が日本に武力攻撃をしてくるなどということはとうてい考えられません。

たとえば、中国には日本企業4万社以上が進出しており、輸出先では米国に次いで2位、輸入元では米国を超えて1位です。「大変重要な市場と認識している」（宮沢洋一経済産業相、8月5日衆院平安特委）という関係にあり、中国にとっても日本は重要な市場です。正面から問いただせば「中国を脅威とみていない」（岸田文雄外相、同）と答えざるをえません。そうであるならば、「抑止論」を振りかざすよりも、憲法9条をもつ国として友好関係を築く平和外交こそ探究すべきです。

8月5日の参院平安特委で大門実紀史《だいもんみきし》議員（日本共産党）は、日本と中国は1972年の国交回復いらい、紛争は「平和的手段」で解決することを繰り返し確認し、2008年の日中共同声明でも「互いに脅威とならない」「ともに努力して東シナ海を平和・協力・有好の海とする」と確認していることを指摘しています。こうした立場にたってこそ、情勢の変化に対応し、真に戦争のないアジアをつくることができるのではないでしょうか。

第2章 あらためて憲法9条の原点を検証する

戦争法をめぐる攻防は、日本国憲法9条のもつ意味を改めて私たちに考えさせる機会となりました。その歴史的・先駆的内容を国民的規模で再確認していくことが、戦争法を廃止に追いこみ、真に憲法が生きる日本を実現することになるのではないでしょうか。

1946年6月25日、政府提出の「帝国憲法改正案」の趣旨説明をおこなった吉田茂首相は、第9条の意義をつぎのように強調しました。

「(第9条)は改正案における大いなる眼目をなすものであり、かかる思い切った条項は、凡《およ》そ従来の各国憲法中に稀に見るものであります。かくして日本国は、恒久の平和を念願し、その将来の平和と生存をあげて、平和を愛する世界諸国民の公正と信義に委ねんとするものであり、この高き理想をもって平和愛好国の先頭に立ち、正義の大道を踏み進んで行こうという固き決意を国の根本法に昭示せんとするものであります」

そして46年11月3日、タイトルも「大日本帝国憲法」から「日本国憲法」とあらためられた憲法が公布されました。その10ヵ月後の47年8月、文部省は、全国の中学1年生に向けて、『あたらしい憲法のはなし』と題する教科書を発行しました。その第9条の部分ではつぎのように記述されています。

「こんどの憲法では、日本の國が、けっして二度と戦争をしないように、二つのことをきめました。その一つは、兵隊も軍艦も飛行機も、およそ戦争をするためのものは、いっさいもたないということです。これからさき日本には、陸軍も海軍も空軍もないのです。これを戦力の放棄といいます。『放棄』とは『すててしまう』ということです。しかしみなさんは、けっして心ぼそく思うことはありません。日本は正しいことを、ほかの國よりさきに行《おこな》ったのです。世の中に、正しいことぐらい強いものはありません。

もう一つは、よその國と争いごとがおこったとき、けっして戦争によって、相手をまかして、じぶんのいいぶんをとおそうとしないということをきめたのです。おだやかにそうだんをして、きまりをつけようというのです。なぜならば、いくさをしかけることは、けっきょく、じぶんの國をほろぼすようなはめになるからです。また、戦争とまでゆかずとも、國の力で、相手をおどすようなことは、いっさいしないことにきめたのです。これを戦争の放棄というのです。そうしてよその國となかよくして、…世界中の國が、よい友だちになってくれるようにすれば、日本の國は、さかえてゆけるのです」

こんにち、このような教科書を発行しようものなら、自民党など改憲勢力は、「偏向教科書」という攻撃を大々的に行なうに違いありません。しかし当時はこのような考え方があたりまえで、「正しい」とされていたのです。さまざまな要素が絡み合いながらも、第2次大戦を終えた世界の流れや日本国内の空気が、日本国憲法9条を生み出す基盤を作り出していたからです。

(1) ポツダム宣言の受諾と戦争の終わらせ方

1945年8月15日、日本はポツダム宣言の受諾を表明、連合国に降伏しました。しかし、その敗戦処理・戦後復興の在り方は、同じファッショ連合の側にたって第2次大戦を戦ったイタリア、ドイツとは根本的に異なります。イタリアでは国民解放委員会（CLN）のもとレジスタンス運動を展開、反ファシズム統一戦線の力でファシストからの解放を成し遂げ、戦後には国民投票で王制を廃止しました。ドイツの場合には、ソ連とアメリカ陣営による分断占領の結果、東西ドイツの分裂国家という困難な道を歩まされますが、ナチスの政権からの追放は徹底しておこなわれます。

これにたいして日本は、降伏から戦後の復興、体制づくりそのものが、天皇を頂点とした旧支配層をほとんど温存したままおこなわれます。このことは、日本の支配層が侵略戦争への根本的な反省を欠いたまま今日にいたるという、異常な日本政治の基盤となっています。

■ポツダム宣言の受諾と復興の担い手

1945年7月26日、イギリス、アメリカ、中国は、日本政府に無条件降伏を迫るポツダム宣言をつきつけました。そこには次のような条項が盛り込まれています。

六、吾等は無責任なる軍国主義が世界より駆逐せらるるに至る迄は平和、安全及正義の新秩序が生じ得ざることを主張するものなるを以て、日本国国民を欺瞞《ぎまん》し之をして世界征服の挙に出づるの過誤を犯さしめたる者の権力及勢力は永久に除去せられざるべからず

十、…日本国政府は日本国民の間に於ける民主主義的傾向の復活強化に対する一切の障礙《しょうがい》を除去すべし　言論、宗教及思想の自由並に基本的人権の尊重は確立せらるべし

しかし軍部は本土決戦の方針を変えず、7月28日、鈴木貫太郎首相に、「（宣言は）ただ黙殺するのみである。我々は戦争完遂に邁進する」との新聞談話を発表させました。その結果、アメリカは、日本がもはや抗戦能力をもたないことが明白であったにもかかわらず、8月6日広島に、つづいて8月9日長崎に原爆を投下しました。同日、ソ連も「満州」国境をこえて対日参戦しました。もはや日本の敗戦は誰の目にも避けがたいことは明白でした。

8月10日、ポツダム宣言を受諾するか否かを決定するため、天皇が出席する「御前会議」が開かれました。そこでは、「右宣言は、天皇の国家統治の大権を変更するの要求を包含し居らざることの了解の下に受諾す」との条件付受諾表明ともとれる文書を連合国に送ることが決定されました。日本の支配層にとっては、「天皇の国家統治の大権」＝「国体」を維持できるかどうかだけが最大の関心

事だったのです。

翌11日、これに対する連合国からの回答が寄せられました。「天皇及び日本政府の国家統治の権限は降伏条項の実施の為其必要と認むる措置を執る連合国最高司令官の下に置かるる」、「最終的の日本政府の形態はポツダム宣言に遵《したが》ひ日本国国民の自由に表明せる意思に依り決定せらるるべきものとす」というものでした。日本政府は、これを「国体」を維持することを承認したものと解釈し、8月15日、ポツダム宣言受諾を発表し、連合国に降伏しました。

日本の「戦後」がイタリアやドイツと異なることとなったのは、実質的に日本占領の全権を握ったアメリカの占領支配の方式が、「日本社会の現在の性格並びに最小の兵力及資源に依り目的を達成せんとする米国の希望に鑑み、最高司令官は米国の目的達成を満足に促進する限りに於ては、天皇を含む日本政府機構及諸機関を通じて其権限を行使すべし」（45年9月22日、「降伏後ニ於ケル米国ノ初期ノ対日方針」）というものだったことです。つまりポツダム宣言では、民主主義を根底から踏みにじって侵略戦争と暗黒支配の政治をおこなってきた勢力の追放を求めたにもかかわらず、アメリカは、そうした政治を推進した戦前からの支配勢力を引き続き、戦後復興の担い手にすることとしたのです。

■明治憲法改正へ多難の出発

その矛盾はたちまち現実のものとなります。

天皇がまずおこなったことは、敗戦にともなう国内の混乱をおさえる切り札として、皇族の東久《ひがしく》邇宮稔彦《にのみやなるひこ》を首相にすえ、さらに大政翼賛会を組織して日本を侵略戦争に導いた中心人物の一人で五摂家（旧貴族の上位5家）筆頭・近衛家の近衛文麿《このえふみまろ》を副首相格に任命することでした（45年8月17日）。この時天皇は東久邇首相にたいし、「憲法ヲ尊重シ、詔勅ヲ基トシ、軍ノ統制、秩序ノ維持ニツトメ、時局ノ収拾ニ努力セヨ」との詔勅を発しています。明治憲法も天皇の軍隊も戦前の体制を維持したまま戦後日本の再建をはかろうと考えていたのです。ポツダム宣言が強調した民主主義の趣旨などまったく念頭になかったといわざるを得ません。

したがって東久邇内閣の閣僚らも、「特高は今なお健在であり、政府形態の変革、とくに、天皇制廃止を主張するものはすべて共産主義者と考え、治安維持法によって逮捕される」（山崎巌内相、9月3日）、「政治犯の釈放のごときは考えていない」（岩田宙造法相、同）などと公言してはばかりませんでした。

降伏直後のことであり、米本国や他の連合国のなかでも日本の天皇や軍国主義者にたいする反発が極めて強いなかで、こうした発言が公然と行われたのです。連合国総司令部（GHQ）としても看過できないことであり、10月4日、マッカーサーGHQ最高司令官は、天皇・政府に関する討論の自由、政治犯の即時釈放、特高警察の罷免、治安維持法等弾圧法令の廃止などを命ずる「自由の指令」を発しました。東久邇内閣はこの指令の実行は不可能として、翌日総辞職しました。

こうしたなかで明治憲法改正の動きが始まりました。ポツダム宣言が求める日本の民主化にとって、明治憲法の改正が不可欠であったことは言うまでもありません。しかし、それを誰が推進するか、それがまず問題でした。

昭和天皇の念頭には明治憲法の改正などなかったことは前述のとおりです。東久邇に代わって首相の座についた幣原喜重郎《しではらきじゅうろう》や、戦前の天皇機関説事件では民主的立場にたっていた美濃部達吉《みのべたつきち》すらも、明治憲法のもとでも解釈と運用によって日本の民主化は可能であり、改正は必要ないとの立場をとっていました。近衛の側近が後に述べたところによると、「東久邇内閣は総辞職したが、次の首相が幣原ということになったとき、幣原に憲法改正の問題を話した。これに対し、幣原は、改正の必要は絶対に認めない、これでいいいんだとけんもほろろだった」といいます（佐藤達夫『日本国憲法成立史一』）。

こうしたなか、マッカーサーが最初に白羽の矢をたてたのは、なんと近衛文麿です。東久邇が政権を投げだした10月5日、GHQ本部にマッカーサーを訪ね、「政府の組織および議会の構成につき、何かご意見なりご指示があれば承りたい」とお伺いをたてた近衛にたいし、マッカーサーはただちに、「第一に、憲法は改正を要する」と述べ、「もし公がその周囲に自由主義分子を糾合して、憲法改正に関する提案を天下に公表せらるるならば、議会もこれについてくると思う」と憲法改正の作業に着手することをうながしました。

力を得た近衛は憲法学者の佐々木惣一とともに天皇から内大臣府御用掛に任ずるとのお墨付きを取り付け、憲法改正作業を開始しました。ところが、10月26日付「ニューヨーク・ヘラルド・トリビューン」が東京電で、「極東においてアメリカが犯した馬鹿げた失敗のなかで、もっともはなはだしいのは、近衛公爵を日本の新憲法の起草者として選んだこと」と報じるや、マッカーサーは「憲法改正のために近衛を選んだことはない」とあっさりと近衛を突き放してしまいます。それでも近衛は作業を続行し、11月21日、「（天皇の）統治権は万民の翼賛による」などとした「憲法改正の大綱」を天皇に提出します。しかし、近衛はやがて戦犯に指定され12月16日自殺、「大綱」はお蔵入りのままとなりました。

マッカーサーは、近衛につづいて10月11日、東久邇の後を継いで首相の座についた幣原喜重郎に憲法改正を検討するよう指示します。幣原が明治憲法の改正には消極的な態度をとっていたことは前述のとおりですが、憲法改正作業は内大臣府の仕事ではないと近衛の作業に反発していたこともあって、10月25日、松本烝治《まつもとじょうじ》国務大臣を委員長とする憲法改正問題調査委員会を発足させます。委員長に任命された松本も当初、調査委員会の目的は憲法改正ではなく、「純学問的な場から研究」することにあり、「もし改正の要ありという結論に達しても直ちに改正案の起草にあたることはない」と説明、あくまでも明治憲法の改正には消極的立場をとっていました。

■先行した民間・政党の改憲案作成

この憲法改正の動きが始まった当時は、長く続いた戦争と、その結末としての悲惨な敗戦によって、国民の生活は困難をきわめていました。治安維持法によって投獄されていた政治犯の釈放も十分にすすんでおらず、戦前、自らを解散して大政翼賛会に合流した諸政党も戦後の体制を模索している状況でした。

しかし、政府の動きが表面化する前から、新聞には「統帥権に関する憲法第十一条、第十二条も今や空文的な存在となった。……これらの問題は当然国家の基本法の再検討にまで発展していくであろう」（45年9月21日、「朝日」）、「民主政治復活の基本として現行憲法よりさらに民主化せる新憲法を必要とする」（同、「読売」）といった「社説」が登場しています。そして政治犯の釈放、政党の再建や結成がすすみ、民間の言論活動も活発になっていくなかで、憲法改正をめぐる動きの主導権は政党や民間に移っていきます。以下その主な流れを見てみます。

45・11・22　日本共産党「新憲法の骨子」
45・12・26　憲法研究会（高野岩三郎、鈴木安蔵、室伏高信、杉森孝次郎、森戸辰男、岩淵辰雄）「憲法草案要綱」
46・1・21　日本自由党「憲法改正要綱」
46・2・13　日本進歩党「憲法改正案要綱」
46・2・23　日本社会党「新憲法要綱」
46・3・4　憲法懇談会（尾崎行雄、岩波茂雄、渡辺幾次郎、石田秀人、稲田正次、海野晋吉）「日本国憲法草案」

このなかで、国民主権の原則を明確に打ち出していたのは日本共産党の「骨子」と憲法研究会の「要綱」です。なお、労働運動史研究家で憲法研究会の一員だった高野岩三郎は、研究会「要綱」が象徴とはいえ天皇制を残すものになったことに反対し、「天皇制を廃し、之に代えて大統領を元首とする共和制」を取り入れる独自案を発表しました。また、憲法懇談会は、「日本国ノ主権ハ天皇ヲ首長トスル国民全体ニ淵源ス」と、イギリス型の君民共治主義をとっています。

戦前においても絶対主義的天皇制と正面からたたかいつづけた日本共産党が、天皇制の廃止と国民主権を主張したのは当然といえます。また、憲法研究会の「要綱」とりまとめの中心になった鈴木安蔵は、明治時代の自由民権運動の研究者でした。したがってその「要綱」には鈴木の研究成果がとりいれられています。そしてＧＨＱがもっとも注目し、ＧＨＱ案作成の参考にしたといわれるのがこの研究会案です。その意味で、日本政府が国会に提出した憲法案には、戦前の日本における自由と民主主義を求めるたたかいの伝統が引き継がれているといえます。

これらに比べて他の政党案は、「統治権の主体は日本国家にあり」（日本自由党）、「天皇は臣民の輔翼に依り憲法の条規に従い統治権を行う」「天皇は統治権の総攬者」（日本進歩党）と明治憲法の枠から抜けだしておらず、社会党ですら「主権は国家（天皇を含む国民共同体）に在り」「統治権は之を分割し、主要部を議会に、一部を天皇に帰属（天皇大権大幅制限）せしめ、天皇制を残す」というありさまでした。これらの政党は、絶対主義的天皇制に屈服し、大政翼賛会になだれこんでいったことの清算もしないまま戦後に移行していたのです。

■「おしつけ憲法」論はなぜ生まれた?

こうして明治憲法改正案の発表があいつぐなかで、政府の憲法改正問題調査委員会(以下「憲法改正調査会」と略)も途中からその目的を明治憲法の「調査」から「改正」に切り替えざるをえませんでした。しかしその内容は民間や政党の改正案のどれよりも遅れたものでした。

46年2月1日、「毎日新聞」が憲法改正調査会の明治憲法改正案なるものをスクープしました。それは、明治憲法に多少の修正を加えたものにすぎず、「毎日」は、「今更のことではないが、あまりにも保守的、現状維持的なものにすぎないことを失望しない者は少ないと思う」(2日付)と評しました。しかし実は、このスクープは憲法改正調査会の初期の段階で宮沢俊義が作成した案に近い内容のものでした。実際の憲法改正調査会案は、その直後の2月8日にGHQに提出された「憲法改正要綱」ですが、それは、さらに明治憲法の焼き直しの色彩が濃いものでした。「第一条　大日本帝国ハ万世一系ノ天皇之ヲ統治ス」はそのまま、「第三条ニ『天皇ハ神聖ニシテ侵スヘカラス』トアルヲ『天皇ハ至尊ニシテ侵スヘカラス』ニ改ムルコト」、「第八条所定ノ緊急勅令ヲ発スルニハ議院法ノ定ムル所ニ依リ帝国議会常置委員ノ諮詢ヲ経ルヲ要スルモノトスルコト」、「第二十八条ノ規定ヲ改メ日本臣民ハ安寧秩序ヲ妨ケサル限リニ於テ信教ノ自由ヲ有スルモノトスルコト」等々といったものでした。ここでも国民はいまだ「臣民」扱いのままです。

マッカーサーは2月1日の「毎日」スクープを見た段階で、「最も保守的な民間草案よりも、さらにずっとおくれたもの」として日本政府を通じてポツダム宣言の内容を取り入れた憲法を作成するのは無理と判断、GHQが原案を作成して日本政府に示すことを決意します。

2月3日、ホイットニー民政局長以下25人のスタッフが集まり、GHQ民政局としての憲法改正案作成の作業にとりかかりました。作業にあたってマッカーサーはつぎの3点（要旨）を原則とするようスタッフに指示しています。

①天皇は、国家の元首の地位にある。天皇の義務及び権能は、憲法に基づき行使され、人民の基本的意思に対し責任を負う。

②日本は、紛争解決のための手段としての戦争及び自己の安全を保持するための手段としてのそれも放棄する。いかなる日本陸海空軍も決して許されないし、いかなる交戦者の権利も日本軍には決して与えられない。

③日本の封建制度は廃止される。予算の型は、英国型に倣《なら》うこと。

民政局の憲法改正案作成の作業は他の連合国はもとより、アメリカ本国政府にも知らせないまますすめられ、2月11日に終了しました。

2月13日、ホイットニー民政局長らが外務大臣公邸を訪れ、「先日あなたがたが提出された憲法改正案は、自由と民主主義の文書として最高司令官が受け容れることのまったく不可能なものです」と述べつつ、民政局作成の憲法改正案を吉田茂外相ら日本政府側に提示しました。このときの民政局側の記録によると、「日本側の人々は、はっきりと、ぼう然たる表情を示しました。特に吉田氏の顔は驚愕と憂慮の色を示した。この表情は、この後の討議中ホイットニー将軍が話している間、変わることはなかった」（高柳賢三他編『日本国憲法制定の過程Ⅰ』）といいます。

このとき、ホイットニー民政局長は、天皇に対する国際社会や米国内の厳しい世論に触れ、民政局案を受け容れることが天皇制を残す最善の案であることを強調し、次のように述べました。

「あなた方が御存知かどうかわかりませんが、最高司令官は、天皇を戦犯として取り調べるべきだという他国からの圧力、この圧力は次第に強くなりつつありますが、このような圧力から天皇を守ろうという決意を堅く保持しています。しかしみなさん、最高司令官といえども、万能ではありません。けれども最高司令官は、この新しい憲法の諸規定が受け容れられるならば、実際問題としては、天皇は安泰になると考えています。最高司令官は、私に、この憲法をあなたがたの政府と党に示し、その採用について考慮を求め、またお望みなら、あなた方がこの案を最高司令官の完全な支持を受けた案として国民に示されてもよいことを伝えるよう、指示されました。……最高司令官は、できればあなた方がそうすることを望んでいますが、もしあなた方がそうされなければ、自分でそれを行うつもりでおります」（同前）。

民政局案の提示を受けた日本政府内は混乱を極めます。後に「9条の発案者」といわれるようになった幣原首相は、「吾々は之を受諾できぬ」と、強い拒否の姿勢を示したといいます（「芦田均日記」）。結局、日本政府も「国体」を維持することを最優先させ、3月4日になって民政局案を基本的に受け入れることを閣議決定しました。この経過を「脅し」と受け取るか「忠告」と受けとるかで対応はまるで異なります。

しかしこのやりとりが誇張して伝えられ、やがて日本国憲法はアメリカによって「押しつけられたもの」という宣伝が改憲勢力によってしつようになされることになります。日本に住む両親に会いたさに、22歳の身でGHQの民間人スタッフとして来日し、改憲案作成の作業に加わって女性の権利を書き込むために奮闘したベアテ・シロタ・ゴードンは当時を振り返って言います。

「簡単に言えば、出来の悪い生徒の試験答案を先生が書いて、それを口を拭って生徒が書いたとして提出して及第点を貰おうというもの」（『1945年のクリスマス』）。

■日本国憲法制定にはたらいた4つの力

日本国憲法を、アメリカが一方的に「押しつけられたもの」とする非難が事実に反することを、最も象徴的に物語っているのは現在のような形で「国民主権」が明記されるにいたった経過です。

Ⅰ、GHQが日本政府に示した憲法改正案では、前文で「茲ニ人民ノ意思ノ主権ヲ宣言シ…」とし、第一条で「皇帝ハ…其ノ地位ヲ人民ノ主権意思ヨリ承ケ…」と明確に国民主権を定めています。

Ⅱ、ところが、政府が国会に提出した「帝国憲法改正案」では、前文が「…ここに国民の総意が至高なるものであることを確認し…」に、第一条が「天皇の…地位は、日本国民至高の総意に基く」となっています。当時法制局次長だった佐藤達夫は、「このソバレン・ウィルは、直訳すれば、主権意思ということであろうが、当時の国体擁護の気分からいっても、あまり人民主権を露骨に出すことは望ましくない」と考えていた政府の姿勢を紹介しています（憲法調査会『憲法制定の経過に関する小委員会報告書』61年）。

しかしこの矛盾は、明治憲法の規定に基づき国会に先立って行なわれた枢密院審議の段階から、野村吉三郎顧問官によって指摘されることとなりました。「英文では、主権在民がはっきりしている。日本文がぼかされているのは苦心の結果であろうがポツダム宣言を受諾した以上は、これに従うほかはない。主権はピープルにあるということをもっとはっきりさせてはどうか。それでなければ、この憲法は読めない」と。

もちろん民政局の英文を日本語として翻訳したものは、マッカーサーの承認なしに国会に提出できるはずはありません。マッカーサーも天皇制に対する日本の支配層の気持ちに配慮してこの書き換えに同意したということです。したがって政府の改正案はそのまま国会に提出され、そこには「国民主権」の言葉はありませんでした。

Ⅲ、当然、国会では主権在民の憲法草案を発表していた共産党が、このあいまいな言葉を厳しく追及しました。また、都内街頭売りの日刊紙『民報』（1945～48年）なども和・英両文を示し、「主権在民の思想は、英訳に関する限りすこぶる明確である。しかし日本原文の方は、何故か、すくなからず明確を欠き、直接、主権所在の問題と関係なきが如き感を与える」と批判しました。

国民の声も、世論調査によると、天皇制については、「現状のまま」はわずか16％、何らかの形で権能を制限する45％、廃止を求める9％で、天皇の権限をそのまま存続することを求めるものは圧倒的に少数でした（「毎日」46年5月27日）。

Ⅳ、こうしたなか、極東委員会（日本占領管理に関する連合国の最高政策決定機関）は7月2日、「日本の新憲法に対する基本原則」と題する指令を決定、「日本国憲法は、主権が国民に存することを認めるべきである」としました。

マッカーサーは、「この指令が現在公表されることは、決定的ではないとしても、深刻な誤りを犯す」として指令の公表を抑えるとともに、日本政府にケーディス（ＧＨＱ民政局次長）を送りひそかにその趣旨を伝えました。

国会には、憲法改正案を各条ごとに審議し、必要に応じて条文の修正も行なうために、帝国憲法改正案委員小委員会が設けられていました。しかしこの小委員会は秘密会としておこなわれていたため、そこでの審議の内容は長いあいだ知られていませんでしたが、まずアメリカで、そして90年代に入って日本でその議事録が公開されました。それによると小委員会ではＧＨＱからの提起を受け、芦田委小委員長が、「第一章については第一条で一言申し上げたいと思います。これは公に話してよいかどうかわからないが、事実はこうです。つまり、関係当局が第一条に、主権は国民に存するとの意味の言葉を挿入するように提案しているのです」として、「第一条にそういう言葉を挿入するのが適当であるとするのなら、法制局はこれをどんな形で挿入するか研究せねばなりません」と、これを受け容れるのはやむを得ない旨の発言をしています（小委員会第3回議事録46年7月27日）。

結局、政府案は小委員会おいて自由党と進歩党の共同提案の形で、前文と第一条の「国民至高の総意」を「主権の存する日本国民の総意」に改めることが了承され、それが本会議でも採択されました。

つまり、「国民主権」が憲法に明記される過程では、①米占領軍の意思、②これに抵抗し米占領軍との妥協をとりつけた日本の支配層、③日本国民の主張、④これを支持する国際世論、の4つの力が働いていたということができます。

こうして行なわれた政府改正案の修正は全部で40数箇所にのぼります。そのなかには、公務員の成年者による普通選挙（第15条）、公務員による不法行為により損害を受けたときの賠償（第17条）、さらに憲法研究会が提唱していた第25条の生存権など民間の提案を取り入れたものもあります。その濃淡はさまざまながら、全体としてみれば近代憲法から現代憲法への発展を踏まえた4つの力がはたらいていたことは否定できません。第9条も例外ではありません。

「押しつけ」というのは、こうした制定経過にてらしても不当といわざるをえません。

(2) 憲法9条を歓迎した国民

■憲法9条の発案者をめぐる謎

第9条については、そもそもその発案者が誰であるかについてさえ、いまもって確定された説はありません。伝説的な話として引き合いにだされるのが、幣原首相・マッカーサーの「ペニシリン会談」説です。日本国憲法に戦争放棄の条項を盛り込むとした「マッカーサー3原則」が日本政府に示される以前の46年1月24日のことです。肺炎にかかった時にペニシリンを分けてもらったお礼に、幣原がマッカーサーを訪れた時におこなわれたこの会談でやりとりがあったというのです。それは、つぎのようなものでした（田中英夫『日本国憲法制定過程覚え書』）。

「幣原がこの日たずねた時、いつもはマッカーサーが先になにか言い出すのだが、この日はこちらから先に、頭からマッカーサーに、自分は年をとっているのでいつ死ぬかわからないから、どうか生きている間にどうしても天皇制を維持させておいてほしいと思うが、協力してくれるかとたずねた。これに対してマッカーサーは、本国においても天皇制は廃止すべきだとの強力な意見も出ているが、占領するにあたり一発の銃声もなく一滴の血も流さず進駐出来たのは全く日本の天皇の力による事が大きいと深く感じているので、天皇を尊敬し、又日本にとって天皇は必要な方だと思うから、天皇制を維持させる事に協力し、又そのように努力したいと思っていると返事した。……幣原はさらに、世界から信用をなくしてしまった日本にとって、戦争をしないというような事をハッキリと世界に声明する事、只それだけが敗戦国日本を信用してもらえる唯一の堂々と言える事ではないだろうかというような事を話して、大いに2人は共鳴してその日はわかれたそうだ」。

その後、マッカーサーは幣原の申し出に涙を流して感動したなど、この話は尾ひれがついて広がっています。しかし、この日の幣原のマッカーサー訪問はまったくの儀礼的なもので、確認された公式のメモは存在していません。話が広がったのは、幣原の親友だった枢密顧問官の大平駒槌が幣原から聞いた話を、さらに大平の三女・羽室ミチ子がメモした「大平口述メモ」によるものです。しかもこの「メモ」も原本は盗難で紛失し、55年頃に大平と羽室が当時を思い出しながら復元したというといういわくつきのものです。

そのため、民政局で憲法草案の起草に直接関与したケーディスさえ、「私は、だれの発案によるものかわからないと、ずーっと言い続けています。マッカーサー元帥かもしれない。あるいは幣原首相かもしれない。……ただマッカーサー元帥は『回顧録』のなかで、『戦争放棄は幣原男爵の発案だった』と述べています」と言っています（『宝石』95年1月号）。幣原にしても、自らが発案者と述べている記録は何もなく、当初は明治憲法のもとでも日本の民主化は達成できるとしてその改正に反対し、GHQの改正案にも強く抵抗したことは前述のとおりです。

ただ、さきの「メモ」に誇張や美化があったとしても、幣原とマッカーサーが完全に一致していたことがあります。それは天皇制を残すためには、第9条のような思い切った規定が必要と考えていたことです。実際、天皇を戦犯として裁くべきとの声は、日本の侵略を受けた国々で広がっていました。アメリカ本国の世論でさえ、「天皇を処刑せよ」という33％を含めて「天皇制をなくすべきだ」は71％に達し、「天皇制を残して利用せよ」はわずか3％という状況にありました（45年6月、米ギャラップ社世論調査）。マッカーサーは、天皇を戦犯として起訴すれば、「最小限百万の軍隊が必要となろうし、その軍隊を無期限に駐屯させなければならない」との手紙を送り（1月25日）、本国のそうした動きを牽制しています。

マッカーサーがなぜ天皇を戦犯とすることを避けようとしたのか、についてはいろいろ言われています。「青い目の天皇」と言われ、天皇と同格に扱われたことが彼の自尊心を満足させた、などともいわれています。しかしともかく、彼が日本の占領支配をしていくうえで、天皇が大いに役立つと考えたことだけは間違いありません。

■国民の中に広がっていた「戦争はもうゴメン」の声

憲法第９条を発案したのは誰か、幣原やマッカーサーの意図がどこにあったのか、といったことは、日本国民にとってあまり意味をもちません。戦前においては、日清戦争、日露戦争からはじまって第1次大戦におけるアジアでの戦争、山東出兵、「満州事変」、日中全面戦争、第2次大戦と、明治憲法の時代においては実にその半分以上を「戦時下」で暮らすことを強いられ、先の大戦では300万人を超える犠牲を出したのです。ようやく訪れた平和がつづくことを願うのは当然すぎるほど当然のことでした。前出のケーディスも言います。「当時、みんな戦争放棄とか平和主義について同じようなことを考えていましたし、この考えがだれによって、また何処から始まったのか特定することは難しい」と（竹前栄治『日本占領―GHQ高官の証言』）。

新聞も早くからその国民の声を伝えています。敗戦の1週間後には、「力の日本を築くことに失敗したわれわれは、今後平和の民としての営みに入る」（「毎日」45年8月21日）、「世界人類のし烈な平和への欲求は、もはや何国によっても否定し得ないものがある。武力主義はこの人類の世界的欲求と相いれない」（「朝日」8月28日）などの「社説」の登場となってそれはあらわれています。

その流れは、後の憲法第9条の考えにそのままつながるような論議へと発展していきます。敗戦の年の12月8日、まだ「帝国議会」だった衆院の予算委員会では、つぎのような発言がおこなわれています。

中谷武世（無所属倶楽部）「今後の国家的目標として、古い富国強兵の観念などに代えて、武装なき大国の建設、身に寸鉄をおびない高度文化国家の建設を理想とすべきである。武装を解除された日本が、純然たる文化国家として平和的繁栄をとげ、ふたたび一流国家の水準に復興するときに、日本の武装解除は単に日本一国の武装解除にとどまらず、やがて世界の武装解除を誘導する」

当時ジャーナリストであった石橋湛山《いしばしたんざん》（後の首相）は、「言ふまでもなく我が国民は、何うして斯かる悲惨の結果をもたらせたかを飽まで深く掘り下げて検討し、其の経験を生かさなければならない。併しそれには何時までもうらみを此の戦争に抱くが如き心がけでは駄目だ。そんな狭い考え方では、恐らく此の戦争に負けた真因を明らかにすることを得ず、厚生日本を建設することは難しい。我々は茲で全く心を新たにし、真に無武装の平和日本を実現すると共に、引いては其の功徳を世界に及ぼすの大悲願を立てるを要す」（「東洋経済新報」10月13日）と主張しています。

また新聞にも、「すぐる幾年かの悪夢からさめ、その過去を過去として根こそぎ清算し、正義と平和に徹する武装なき大国家の建設にまい進する知性と勇気とを、日本国民は持ち得ないのであろうか」（「毎日」46年1月1日）といった「社説」が登場しています。

こうした議論は、民間の憲法改正論議にも反映します。たとえば、弁護士の海野晋吉は46年1月の研究会で、「第五条　日本国は軍備を持たざる文化国家とす」との案を提案しています。

また、憲法学者の宮沢俊義は、当時の雑誌につぎのような論文を寄せています。

「このたびの憲法改正の理念は一言で言えば平和国家の建設ということであろうとおもう。……たとえば、憲法改正において軍に関する規定をどう扱うべきかの問題を考えてみる。現在は軍は解消したが、永久にそうだというわけではないから、軍に関する規定はそのまま存置すべきだという意見もあり得よう。しかし、日本を真の平和国家として再建して行こうという理想に徹すれば、現在の軍の解消を以って単に一時的現象とせず、日本は永久に全く軍備をもたぬ国家―それのみが真の平和国家である―として立ってゆくのだという大方針を確立する覚悟が必要ではないか」（『改造』46年3月号、傍点も宮沢）。

これらは文字どおり国民の「自由な意思の表明」としてなされたものであり、占領軍に強制されたものではありません。戦前から、世界にもまれな激しい弾圧のもとでも続けられた自由と平和を求めるたたかいの伝統が、この歴史的な転換点にあたって力を発揮していたのです。

この時期、治安維持法の撤廃によって日本共産党幹部ら政治犯が釈放され、労働組合の結成が急速にすすめられ、戦時中は活動停止に追い込まれていた農民団体、青年団体や学術・文化団体もあいついで再建され、新たな女性組織などもつぎつぎ結成されています。これらが、民主的で平和な日本の再建をめざす運動の推進力となっていったのです。

（3）第9条をめぐる国会論議

「国民主権」という言葉に抵抗し「国民至高の総意」などとなんとか天皇主権の余地を残そうとした日本政府ですが、戦争放棄に関する章についてはGHQの改正案をほぼそのまま日本文に直し、「帝国憲法改正案」として国会に提出します。

第二章　戦争の抛棄

第9条　国の主権の発動たる戦争と、武力による威嚇又は武力の行使は、他国との間の紛争の解決の手段としては永久にこれを抛棄する。

陸海空軍その他の戦力は、これを保持してはならない。国の交戦権は、これを認めない。

この9条が発表された直後に行なわれた世論調査（「毎日」46年5月）では、戦争放棄に賛成と答えたものが70％に達し、反対の28％を圧倒しています。国民は9条を歓迎したのです。

■中立国をめざす議論が並行して

こうしたなか、1946年6月20日、明治憲法のもとでの最後の帝国議会が召集されました。ただちに衆議院に提出された政府の「帝国憲法改正案」の審議は、６月25日から始まりました。まず、吉田首相が第９条に関して本書第２章の冒頭に紹介した趣旨説明をおこなったのにたいし、翌日から始まった質疑では、さっそく次のようなやりとりがなされました（６月26日、衆院本会議）。

原夫次郎議員「恐るべきは、我が国を不意に、あるいは計画的に侵略せんとするもの達、或いは占領せんとするものが出てきた場合に、我が国の自衛権というものまで放棄しなければならぬのか」

吉田首相「戦争放棄に関する本案の規定は、直接には自衛権を否定はしておりませぬが、第九条第２項において一切の軍備と国の交戦権を認めない結果、自衛権の発動としての戦争も、又交戦権も放棄したものであります。従来近年の戦争は多くは自衛権の名においておこなわれたものであります。満州事変然り大東亜戦争又然りであります。…故にわが国においてはいかなる名目をもってしても交戦権はまず第一、自ら進んで放棄する、放棄することによって世界の平和確立の基礎を成す、全世界の平和愛好国の先頭に立って、世界の平和確立に貢献する決意を、まずこの憲法において表明したいと思うのであります」。

注目すべきことは、こうした議論が続くなかで、非武装の日本が中立国となるとの前提に立って、日本の独立と平和をどのようにしてまもるかという議論がおこなわれていることです。

高柳賢三議員「……第三国の間に戦争が勃発した場合に、日本の中立の問題が起りますが、中立国と云ふものは中立国としての義務がある。例へば一方の交戦国の飛行場を日本に作らせると云ふやうなことをしてはいかぬ、或は海軍根拠地を提供してはいかぬと云ふやうな義務を中立国として当然負うことになると思ひますが、日本は武力を全然放棄した場合に於きましては、この中立国の義務は、実質上に於て履行すると云ふことは出来なくなり、従って他の交戦国に対してさう云ふことを許したと云ふので、同様なる行為を報復的にやると云ふような状態になって其処で日本が戦場化すると云ふような危険が相当濃厚ではないか」

幣原喜重郎国務大臣「只今の御質問の点も私は同様に考へて居るのであります、日本は如何にも武力は持っておりませぬ、それ故に若し現実の問題として、日本が国際連合に加入すると云ふ問題が起って参りました時は、我々はどうしても憲法と云ふものの適用、第九条の適用と云ふことを申して、之を留保しなければならぬと思ひます。……国際連合の趣旨目的と云ふものは実は我々の共鳴する所が少くないのである、大体の目的はそれで宜しいのでありますから、我々は協力するけれども、併し我々の憲法の第九条がある以上は、此の適用に付ては我々は留保しなければならない、即ち我々の中立を破って、さうして何処かの国に制裁加ふると云ふのに、協力をしなければならぬと云ふやうな命令と云ふか、そう云う注文を日本にして来る場合がありますれば、それは出来ぬ、留保によって出来ないと云ふやうな方針を執って行くのが一番宜しかろう」

実は、45年11月、この憲法改正論議と並行して、外務省には条約局長を幹事長とする「平和条約問題研究幹事会」が設置され、将来、連合国との平和条約が締結され占領軍が撤退した後の日本の外交政策の在り方についての検討が開始されていました。その過程で新たに制定される憲法には戦争放棄の規定が盛り込まれるとの情報がもたらされたのです。その結果、46年5月にまとめられた第1次研究報告には、つぎのようなことが盛り込まれていました。

【戦争放棄】　日本のみならず対日平和条約調印国は、人類永遠の平和のために日本と同様に国家の政策の手段としての戦争を放棄する規定を国内法に置くよう強く主張する。

【永世中立国の提唱及安全保障】　日本は国際法上の永世中立国となり、極東委員会構成員たる各国による安全保障機構（世界の何れかの国に依る日本侵略は締約国全部に対する侵犯行為として直ちに共同で日本を防護すべきことを約束する）の設定方を計る。

占領下では国連についての認識が薄く、直接日本の占領管理にあたっていた極東委員会が中心にすえられています。しかし、47年6月の第2次研究報告では、日本は非武装のまま国連に加盟し、国連の集団安全保障体制によって日本の安全を守るということが中心となりました。

当時、外務省の条約局長をつとめていた西村熊雄は、「（平和条約締結によって）日本は将来、旧連合国のいずれかの国を目標とする同盟もしてはならないという条項がおかれ、結果的に日本は中立という性格を持たされる。これが必至でありましたから、日本の安全保障という問題は、まったく考える必要もなく、また事実検討すること（もしなかった）」と述べています（西村『サンフランシスコ平和条約』）。実際、西村が予想したとおり、46年6月段階で、米英ソ中4ヵ国がまとめつつあった対日講和条約の構想には、講和後も日本の再軍備を禁止し、その実施を25年にわたって監視しつづけることが盛り込まれていました。

■「芦田修正」のごまかし

憲法の審議はその後、衆議院の帝国憲法改正案委員小委員会の場に移され、ここで条文の字句にそった審議がおこなわれ、少なからぬ修正がおこなわれました。第9条についても、修正がおこなわれ、こんにち見るような第9条の条文に仕上げられます。ところが、その後、ここでおこなわれた第9条の修正を口実に、その解釈をねじまげ、あたかもそれが第9条の正しい解釈であるかのように扱われる状況が生まれました。そうしたことがまかり通ったのも、この小委員会が秘密会としておこなわれ、その議事録が長く非公開であったためです。その問題となる「修正」とはつぎのような追加が行なわれたことです（傍線部分）。

第9条　①日本国民は、正義と秩序を基調とする国際平和を誠実に希求し、国権の発動たる戦争と武力による威嚇又は武力の行使は、国際紛争を解決する手段としては、永久にこれを放棄する。

②前項の目的を達するため、陸海空軍その他の戦力は、これを保持しない。国の交戦権は、これを認めない。

これが公表された時、このことによって条文の意味が変えられたとは誰も考えませんでした。ところが、この修正を提案した小委員会の委員長である芦田均が、後になってつぎのように言い出したのです。

「私は、第九条の二項が原案のままでは、わが国の防衛力を奪う結果となることを憂慮いたしたのであります。それかといってＧＨＱは、どんな形をもってしても、戦力の保持を認めるという意向がないと判断しておりました。そして、第二項の冒頭に『前項の目的を達するため』という修正を提議しました際にも、あまり多くを述べなかったのであります。修正の字句はまことに明瞭を欠くものでありますが、しかし私は一つの含蓄をもってこの修正を提案いたしたのであります。『前項の目的を達するため』という字句を挿入することによって、原案では無条件に戦力を保有しないとあったものが、一定の条件の下に武力をもてるということになります。日本は無条件に武力を捨てるのではないことは、明白であります」（「内閣憲法調査会資料」）

つまり、芦田は、「前項の目的を達するため」という語句を追加した結果、第二項で禁止される戦力は、第一項でいう「国際紛争を解決する手段」としての戦争に使われるものに限定され、「自衛のための戦力」はもてるようになった、と主張しはじめたのです。これはまさにペテンです。誰もがそうは読み取れないような修正をおこなっておいて、後になって「自分はこう考えて修正したのだから、この解釈が正しい」などという主張が通用するでしょうか。

にもかかわらず、再軍備の道を歩みはじめていた政府はこの「証言」にとびつき、改憲を企てる勢力もこれを「自衛のための戦力は合憲」と主張する有力な論拠とした時期がつづきました。

しかし、そうした目的をもった修正であることは、国会の審議ではいっさい説明されていません。公開の場で吉田首相らが繰り返した第9条の説明も変更されていません。それどころか当の芦田自身、やがて首相になると、「われわれは新憲法において、いっさいの戦争を否認する決意を示しました。……われわれは今後ひきつづきこの理想の旗のもとに、平和と自由と正義の支配する世界の建設に不断の努力をしたいと決意しております」（48年3月20日、施政方針演説）と語っているのです。小委員会での修正を9条解釈の基準にすえることができないのは当然です。

しかも、この秘密会の議事録がまずアメリカで、ついで日本でも、その秘密指定が解除されて公開されたことは前述のとおりです。その結果、芦田の証言そのものがウソであることが明らかになりました。その議事録によれば、芦田は実際にはつぎのように発言しているのです。

「『国際平和を誠実に希求し』という言葉を両方の文節に書くべきですが、そのような繰り返しを避けるために『前項の目的を達するために』という言葉を書くことになります。つまり、両方の文節でも日本国民の世界平和に貢献したいという願望を表すものとして意図されているのです」（46年7月31日、第6回小委員会速記録）。

こうして、いまや、「芦田修正」だけを根拠に「自衛のための戦力は合憲」とする議論は破たんし、その勢いを失っています。にもかかわらず、14年5月15日の「安保法制懇」報告書は、「憲法第九条第二項は、第一項をおいて、武力による威嚇や武力の行使武力の行使を『国際紛争を解決する手段』として放棄すると定めたことを受け『前項の目的を達するため』に戦力を保持しないと定めたものである」とこの芦田修正も集団的自衛権容認の論拠の１つにあげました。さすがの安倍首相も、この立場は「とらない」といわざるをえませんでした。

■「文民条項」を使った自衛力論

代わって、これをさらに展開し、あくまでも「自衛のための戦力」は否定されていないとする新たな議論が展開されるようになりました。極東委員会が憲法草案審議の最終段階になって、「ソ連などの強い意向」により「文民条項」―「内閣総理大臣その他の国務大臣は、文民でなければならない」（第66条２項）―の追加を強く求めてきたことを根拠にしたものです。それは、この「芦田修正」によって自衛の目的なら軍隊をもてるようになったと極東委員会が判断したからであり、したがって「第二項は『前項の目的を達するため』の戦力を保持しないのであって、自衛のための戦力は保持できると読むのが自然ではないだろうか」（山崎拓『憲法改正』）というものです。これも、なんとか、自分に有利な解釈を導きだそうとするこじつけの論理です。

極東委員会が「文民条項」をもりこむことを要求した根拠を示すものは何もありません。語られていることはすべて推測です。しかし「芦田修正」や「文民条項」が「自衛のための戦力」を認めたものと推測すると、それは、占領政策とも、その後の事実の経過とも矛盾することになります。

極東委員会におけるソ連やアメリカ、そして「文民条項」の挿入を日本政府に伝達したＧＨＱも、あれほど日本の非武装化に意欲をもやしていたにもかかわらず、第９条そのままでも日本が「自衛戦力」をもつことを、この憲法制定の段階からあっさり承認したことになるからです。そうでないことは、その後のアメリカが、日本を公然たる軍隊をもてる国にするために、この第９条の改悪を強く迫り続けていることとなってあらわれています。

とりわけ、アメリカが日本国憲法第９条の「改正」にむけて動きだした時（１９４９年「限定的再軍備」）、その議論のなかでは、「高度な水準の日本軍事機構の創設は、違憲であると憲法解釈することが、唯一合理的」であり、そのためには憲法第９条の改悪が必要だが、極東委員会を構成する12ヵ国のなかではソ連、中国ばかりか、かつて日本の侵略を受けたフィリピン、オーストラリアなどの反対も予想されるので、「米国は、日本政府に適当な時期にそのような改正をすべきである」と進言すべきだとしています。その他の極東委員会の構成国にしても、日本との平和条約をめぐる論議の初期の段階では、日本が長期にわたって第９条を維持し、非武装を続ける内容を盛り込むことを考えていました。

断片的な資料の寄せ集めや不確かな「証言」にもとづき、憲法の解釈を組み立てるよりも、事実の経過が雄弁に証明しているとおりです。「文民条項」は、旧軍人の排除などあらゆる面から日本の軍国主義復活を阻止するために盛り込まれたととらえる方がはるかに合理的です。しかし自民党はいま、元自衛官は文民との説をとり、自衛隊元幹部を公然と要職に登用しています。

前にも述べたとおり、憲法にはそこにいたる日本の歴史、国民の意思が刻みこまれています。そして、第９条は、はっきりと〝二度と戦争はしない〟という決意を込めて制定されたものなのです。

第3章

戦争違法化の流れと集団的自衛権

日本国憲法第9条がもつ歴史的意義を正しく理解するためには、その背景にあった国際社会の動きを見ておくことも欠かせません。

マッカーサーが日本国憲法の3原則の1つに戦争放棄の原則をすえることに意欲を燃やした理由の一つが、ひきかえに天皇制を残すことがあったことは前章で見たとおりです。しかし同時に、マッカーサーは民政局スタッフに明治憲法改正案作成を命ずるにあたって、国連憲章を参考にすることを強調したといいます（ベアテ・シロタ・ゴードン『1945年のクリスマス』）。つまり、憲法第9条誕生の背景には、結成されたばかりの国連が強めようとしていた戦争違法化の流れが大きく横たわっているのです。

文部省が1947年に発行した『あたらしい憲法のはなし』も、戦争放棄の解説の中で、「日本は正しいことを、ほかの国よりさきに行《おこな》ったのです。世の中に、正しいことぐらい強いものはありません」と書いていることは前に見たとおりです。戦争を放棄することを「正しいこと」とする考えは、「富国強兵」を国策とし侵略戦争にあけくれた戦前の日本の歴史観からは生まれてきません。戦争放棄の憲法をもったことを、国内の問題としてだけではなく、世界に先駆けるものと評価した結果です。

その国際社会の動きです。人類の歴史は戦争の歴史だったといわれます。しかしその一方で、この戦争を抑止する試みがさまざまな形でおこなわれ、とりわけ近代以降になってその努力は大きく強められました。到達点を示しているのが国際連合です。日本国憲法第9条は、その国連の精神をさらに徹底させたものだったのです。

(1) 戦争「正当化」から違法化へ

中世においては、「神の意思」を実現するための戦争のみが許されるとした「正戦論」が支配しました。たとえば、トマス・アクィナス（1225頃〜74年）は、戦争は「正当な理由」と「適正な手続」でおこなわれ、戦争を開始した後は手段と方法が適正なものであることを「神の意思」にかなう条件にあげました（トマス・アクィナス『神学大全』）。しかし、こうした抽象的な条件が戦争を抑制する力となったわけではありません。「神の意思」による戦争といわれた中世の十字軍についても、「わが兵士たちはくるぶしまで血の池につかってすすむ大虐殺をおこなった」（『無名の年代記』）との記録が残っています。

■「正戦論」から無差別戦争観へ

近代になると、この「正戦論」になんとか客観性と法的な性格をもたせようと、「正当な理由」がある場合にのみ戦争は許されるという議論が展開されました。しかし何を「正当な理由」とするかについては、この議論に参加した人によって異なりました。国際法学者のグロティウスの場合は、「自己防衛、失われた財産回復、制裁」をその内容としてあげ、領土拡大のための戦争は認められないと主張しました。しかし、この程度の理由だったら、どこの国でも「正当な理由」があると言いぬけることができるでしょう。決定的なことは、ローマ教皇が絶大な権力をもっていた中世とは違って、それが「正当な理由」にあたるかどうかを判定する第三者機関が存在しなくなっていたことです。

何よりも資本主義の時代に入ってからの戦争は、中世とは根本的にその性格を変えていました。産業革命を終えた先進資本主義国は、競って海外に進出して植民地の獲得に乗り出したからです。新しい時代を動かすことになった資本家たちにとって、戦争は原料や労働力の確保、市場の拡大の手段であって、それが「正当性」をもつかどうかなどは、何の関心もありません。

無力な「正戦論」は、こうしてあっさり乗り越えられました。

代わって登場したのが「無差別戦争観」です。国の安全を維持し、あるいは国の発展をはかるためには、軍備を備え、他国と同盟を結び、必用ならば戦争に訴えるということは、個々の国の判断でおこなえばよいとされたのです。戦争するかしないかはもっぱらその国が決定することとされ、宣戦、講和の決定は、国家のもっとも重大な主権的な機能とされました。こうして戦争が「正当性」をもつかどうかを判断することをあきらめ、捕虜の待遇とか、占領した地域における支配のあり方などについての国際慣行を守ることだけが条件とされたのです。その戦争がどのような目的でおこなわれるか、どちらが先に戦端を開いたかなどを問うものではありません。

たとえば、１８４０年の「アヘン戦争」です。18世紀いらい、中国からイギリスへの茶の輸出が急増し、イギリスが中国に対価として支払う銀の流出も激増します。その対策として、イギリス政府は当時の植民地インドにおいてケシの栽培を奨励し、それによってつくるアヘンをもって茶の対価としました。その結果、中国ではアヘン吸引者が激増し、１００人に１人が常習者になったといいます。当然のこととしてこのアヘン流入を取り締まった中国にたいし、イギリス議会が宣戦布告しておこったのが「アヘン戦争」です。結果はどちらの主張が正しいかで決まるのではありません。近代兵器で装備をしたイギリス軍が勝利し、中国は多大な賠償金を支払ったうえ、香港を実質上の植民地である「租借地」として提供、その支配を20世紀末まで許すことになったのです。

こうして先進国による植民地獲得をめぐる戦争、あるいは先進国間の植民地の奪い合いをめぐる戦争が18世紀から19世紀、そして20世紀初頭にかけて激しく展開されてきました。

■2000万人の犠牲をもたらした第1次世界大戦

この「無差別戦争観」も、20世紀に入って修正を迫られることになりました。すでに獲得した植民地などの国際的な権益を維持しようとする先進資本主義国と、新たに権益をめざして先進資本主義国が支配する地域に割り込もうとする後進資本主義国のあつれきが高まったからです。それらの国々は、それぞれの利益にもとづいて軍事同盟を結び、戦線を構えることになりました。その結果は、戦争の規模と残虐性の飛躍的な拡大となってあらわれました。

その第一の頂点となったのが、1914年に勃発した第1次世界大戦です。

発端は、オーストリア陸軍が勢力を誇示するためにおこなった軍事演習に憤激したセルビアの一青年が、ボスニアを訪れたオーストリア皇太子夫妻を射殺した事件です。この事件をきっかけに、それまでに世界の覇権体制を確立していたイギリスがフランス、ロシアと手を結んでその権益を守ろうとしたことにたいし、急速に資本主義を発展させていたドイツがオーストリア、イタリアと結んで挑戦するという性格をもった世界的規模の戦争へとエスカレートしたのです。

国家の命運をかけた戦争には、発達した科学の最先端が投入されます。第1次大戦では、初めて戦車、毒ガス等が登場しました。とりわけ、飛行機による空爆がおこなわれるようになったことは、それまでの「前線」と「後方」の区別をなくし、全土が戦闘地域となることを意味しました。国民は兵士として戦地にかりだされただけではなく、膨大な軍事生産をささえるための財政負担を強いられ、軍需産業への強制動員もおこなわれました。つまり、国をあげて戦争をおこなう総力戦となったのです。

この戦争に直接に動員されたのは、全世界で6504万人とされ、その一割を超える853万人が生命を失い、1222万人が負傷したといいます（米陸軍省発表）。しかし、軽視してならないことは、総力戦のなかで多数の民間人が砲弾にさらされたり、飢餓などによって死亡したことです。その数は「推定、1200万人」といわれています（エンサイクロペディア・アメリカーナ）。これはヨーロッパ主要参戦国の人口の2〜3％にあたります。

各国で平和を求める世論が高まりました。それは、戦争を防止するための国際機構の設立へとむかいます。その最初のイニシアティブをとったのは、1917年のロシア革命で労働者が権力をにぎったばかりのソビエトです。革命のリーダー・レーニンは「平和に関する布告」を発し、無併合・無賠償の即時講和を全交戦国によびかけ、同時に、すべての交戦国に休戦交渉を提案、回答を要求したのです。とくに、注目すべきことは、「無併合」にかんしてレーニンが、「弱小民族が、同意あるいは希望を正確に、明白に、かつ自由意志にもとづいて表明していないのに、強大な国家が弱小民族を合併」する植

戦争違法化への流れ

- 1914〜18年　第1次世界大戦
- 1917年　ロシア革命
- 1919年　ベルサイユ（パリ）講和会議
- 1920年　国際連盟・発足（45ヵ国）
- 1928年　不戦条約（以後63ヵ国が加入）
- 1931年　満州事変（日本の中国侵略戦争）
- 1933年　日本、国際連盟を脱退
- 1933年　ドイツでヒトラー政権成立
- 1937年　盧溝橋事件・日中全面戦争
- 1939年　第2次世界大戦（ドイツが欧州各国を侵略）
- 1940年　日独伊三国軍事同盟
- 1941年8月　大西洋憲章
- 12月　日本、米英などと開戦（太平洋戦争）
- 1942年　イタリア降伏
- 1945年5月　ドイツ、連合国に降伏
- 6月　国際連合憲章・調印
- 8月　日本、連合国に降伏（ポツダム宣言受諾）
- 10月　国際連合・成立（集団安全保障体制）

民地主義を厳しく批判したことです。これは、それまで資本主義国からは見向きもされていなかった「民族自決」という問題を、歴史上はじめて正面から提起するものでした。

■歴史上はじめての「集団安全保障体制」としての国際連盟

レーニンの提起を放置することは、社会主義の威信を高めることにしかなりません。その提起への回答として、また対抗として、アメリカのウィルソン大統領は1918年1月、議会への教書のなかで、戦後の世界秩序についての「14ヵ条の提案」をおこないました。その最後の第14条が、各国の政治的独立と領土保全を相互に保障することをめざす国際連盟創立の提唱でした。そしてウィルソンが、平和のための世界機構の目的の一つとして各国の政治的独立の保障をあげたことは、民族自決の問題が国際的論議の対象となりはじめたことを示すものでした。

ウィルソンの提唱は、第1次大戦の処理をおこなうために開かれたベルサイユ講和会議にもちこまれ、ほとんどがそのまま講和条約の第一編として採用され、国際連盟の発足へと向かいます。

国際連盟規約は、まず前文で、①締約国は、戦争に訴えざるの義務を受諾」すると、戦争を違法とする考えを前面にうちだします。そのため、②「連盟国は、平和維持のためには、「其の軍備を国の安全及国際義務」を果たすのに「支障なき限度まで縮小する」と軍縮の義務を定めています（第8条）。ただし、自衛戦争は当然の前提とされています。そして、③「戦争又は戦争の脅威は、連盟国のいずれかに直接の影響あると否とを問わず、総ての連盟全体の利害関係事項」としたうえで、

「連盟は、国際の平和を擁護するため適当と認むる措置を執るものとす」(第11条1項)と集団安全保障の規定をおいています。また、④「連盟国は、連盟国間に国交断絶に至る虞《おそれ》ある紛争発生するときは、当該事件を仲裁裁判若《もしく》は司法解決又は連盟理事会の審査に付す」(12条1項前段)、「連盟国は、一切の判決を誠実に履行すべく、且《かつ》判決に服する連盟国に対しては戦争に訴えざることを約す」(13条4項)とし、これに反する戦争は違法としました。

この規約は、すべての戦争を認めないとしたわけではありません。しかし、一般的な形であっても戦争は違法であるとの原則をうちだし、何が違法な侵略であるかを示す手続きを備えたことにその意義があります。国家と国家、あるいは同盟国と同盟国の間の力の均衡がお互いの安全を保障するという従来からの勢力均衡論にかわって、対立関係にある国家も含め、多数の国が互いに武力行使を慎むことを約束しあう歴史上はじめての国際平和機構—「集団安全保障体制」が姿をあらわしたのです。

しかし、当時、アメリカを上回る植民地をもっていた英仏は、ウィルソンの提案から民族自決の原則を削除してしまいました。「太平洋とアフリカのドイツの植民地には野蛮人が住んでおり、彼らは自分たち自身を統治することがとてもできないだけでなく、彼らにヨーロッパ的意味における政治的自決の考えを適用することは実行不可能」であり、「未だ自立し得ざるもの」にたいしては先進国に「後見の任務」があると主張し、「先進国」による「後見」制度(委任統治制度)を設け(第22条)、植民地支配を続けることを求めました(松井芳郎『現代の国際関係と自決権』)。英仏のこうした身勝手な主張を受け入れるという妥協をおこなうことによって、国際連盟はようやく発足にこぎつけることができたともいえます。

しかし、ウィルソンの出身母体であるアメリカ議会は、そうした抜け道を盛り込んでもなお、この構想は理想主義的すぎるとして、国際連盟への加盟を否決してしまいました。アメリカは当時、欧州の問題に関与しないが、欧州にもアメリカの問題に介入・干渉させないとの〝モンロー主義〟を外交原則としており、この原則をつらぬくべきだというのが表向きの理由です。実際は、アメリカが南米諸国でもっている権益にたいするヨーロッパ諸国の干渉を排除するためにほかなりません。

結局、国際連盟は1920年1月、日本を含む45ヵ国の加盟で発足しました。この加盟国には、アメリカや中国、世界の主要国となったソ連も含まれてはいません（ソ連は31年加盟、39年除名）。世界平和の維持を目的する集団安全保障機構は、主要国を含む世界の圧倒的多数の国が参加してこそ実効あるものとなります。その点では、国際連盟はその加盟国の数からみても、その顔ぶれからみても、集団安全保障機構としては不十分な面をもって出発したと言わざるをえません。

この発足の経過や加盟国の状況を見ても、国際連盟は英仏中心の機構にならざるをえない限界を当初からもっていたといえます。国際連盟は結局、その掲げた目標と程遠く、実際には、民族独立運動や社会主義政権、さらには各国の労働運動まで敵視し、結果として英仏の世界支配の道具としての役割を果たすこととなりました。

■不戦条約と自衛権論議

国際連盟がうちだした戦争違法化の考えをさらに明確にしたのが、１９２８年の不戦条約（「戦争放棄に関する条約」）です。フランスの外相ブリアンが、米仏間に戦争を違法化する条約を締結することを呼びかけたことに対して、アメリカの国務長官ケロッグがそれを単に2国間条約にとどめるのではなく、多国間条約にするように逆提案。これにイギリス、ドイツ、イタリア、日本、ソ連など29ヵ国が賛成してつくられたこの条約には、その後、１９３８年末までには、当時の全世界の国々の9割以上にあたる64ヵ国が参加して文字どおり世界的な広がりをもつにいたります。（日本は第1条の「各自の人民の名に於て」は天皇主権の国体に反するとして各国の調印時には署名を見合わせ、1年後の条約発効時にこの部分の留保を表明したうえで加盟）

この条約では、つぎのように明確に戦争の放棄と紛争の平和的解決が加盟国に義務づけられました。

第1条　締約国は、国際紛争解決の為戦争に訴ふることを非とし、且其の相互関係に於て国家の政策の手段としての戦争を放棄することを其の各自の人民の名に於て厳粛に宣言す。

第2条　締約国は、相互間に起ることあるべき一切の紛争又は紛議は、其の性質又は起因の如何を問はず、平和的手段に依るの外之が処理又は解決を求めざることを約す。

ただ、この条約は前文で、「今後戦争に訴へて国家の利益を増進せんとする署名国」にたいしては、他の締約国は、違反国に対する条約義務から解放され、武力行使の自由をもつとされただけではありません。この条約の解釈にあたっては「自衛権」をほぼ無限定的に認めるという重大な一面をもつこととなりました。それは、この条約についてアメリカが「自衛権」についてつぎのような見解を示し、加盟した各国の共通の理解となったからです。

「不戦条約の米国草案は、どんな形ででも自衛権を制限しまたは傷つける何物も含まない。この権利はあらゆる主権国家に固有のものであり、あらゆる条約はこの権利を内蔵しているのであるから、条約の規定に明記されているかどうかを問わず、締約国は攻撃や侵入から自国の領土を守ることができるのである。その場合、自衛の戦争に訴えることができるかどうかの判断は、当該国だけが下すことができる。しかし、この自明の権利を条文中に書き込むことは、自衛の対象である侵略を定義しなければならないので避けるべきである。条約に書いたからといって自然の権利に何も追加することがないのならば、困難な定義をあえてする必要はない」

「侵略」の定義が困難なら、「自衛」の定義も困難であり、それを当該国の判断にゆだねるというのは、甚だしい矛盾です。アメリカは、自衛権を「固有の権利」、「自然の権利」などと言うことによって、そうした問題に正面から応えることを避けたのです。

■自衛権の要件があいまいなままに

もちろん、「自衛権」という言葉そのものは、この時までなかったというわけではありませんが、その意味について国際的な合意があったという状況ではとうていありません。たとえば、憲法の教科書などでは、早い時期に自衛権が主張された例として、デンマーク艦隊引渡要求事件（1807年）、カロライン号事件（1832年）などがあげられます。

カロライン号事件というのは、当時イギリスの植民地だったカナダの独立運動を支援するため、人員や物資の輸送にあたっていたアメリカ船籍のカロライン号を、イギリス軍がアメリカの港でとらえ、船に放火し、ナイヤガラの滝に投げ込んだという事件です。これによって、独立運動の支援者であるアメリカ人乗客が被害を受けました。アメリカは、カロライン号襲撃を「自衛権の行使」と主張するイギリスにたいし、それが自衛権の行使であることを証明することを求めたのです。

その際、アメリカが「自衛権」行使の基準としてあげたのが、イギリスにとって「さし迫った危険」があったかどうか、「ほかの手段を選ぶ余裕がなかった」かどうか、「必要最小限に限定され明確にその範囲内」であったかどうか―の3点です。しかしカロライン号事件は、イギリスが武力攻撃を受けたことに反撃をしたものではありません。さらにアメリカの領域内で起こっている事件です。イギリスの行為は、明らかに他国の領域を侵犯したものであって、どのように解釈しても「自衛権」を主張する余地はありません。

一方、アメリカがあげた「3要件」は、「自衛権の行使」と認められた場合に、それが武力の行使を必要とするほどのものかどうかの判断基準を示したものであって、「自衛権」の意味そのものを明らかにしたものではありません。この「3要件」は、いまでも「自衛権」行使の構成要素とされ、日本でも採用されています（第1章20ページ参照）。したがって、これらの基準にあうかどうかをもって「自衛権」であることの証明にはなりません。結局、この事件はイギリスが1842年になって非を認め、遺憾の意を表明したことで決着しましたが、「自衛権」の意味は解明されないままとなりました。

不戦条約の締結にあたってイギリスやアメリカが「自衛権」にこだわったのは、それぞれの植民地支配の障害となるからです。それは、イギリスが締結に際しておこなった「世界のあらゆる地域の福祉と保全は、わが国の平和と安全にとって特別の死活的な利害関係を有する。わが政府は過去において、かかる地域への干渉は放置できないものであることを明らかにしてきた。かかる地域を攻撃から保護することは、英帝国にとって自衛の措置である」との留保をおこなったことで明らかです。植民地を維持するための戦闘は、これらの国にとっては重要な「自衛権」の行使だったのです。

こうして自衛権行使については何の具体的制約もなく、先制的な武力の行使も認められることとされました。

不戦条約は以上に見たように、大国の利害を損なわないものであったことは否定できません。しかし、この条約によって、戦争を違法とする考え方が世界に広がっていったことは正しく評価しておく必要があるでしょう。それは、「国家の政策の手段としての戦争を放棄する」（1931年、スペイン憲法）、「国家の政策の手段としての戦争を放棄し……」（35年、フィリピン憲法）など、不戦条約の文言をそのまま自国の憲法に取り入れた国々があらわれたことに見ることができます。

それは日本国憲法9条にもつながります。「（不戦条約の）文言は、後に日本国憲法が『国際紛争を解決する手段として』の戦争や武力の行使を放棄すると定めたところに直結する。総司令部が草案を作成した時、民政局スタッフだったケーディスは、かつてハーバード大学学生だったころの不戦条約の熱気を思い出し、空襲にあわなかった東大図書館からこの条約文ののった書物を借りだして、第九条草案作成に役立てた」（浜林正夫・森英樹編『歴史のなかの日本国憲法』）といいます。

しかし、ドイツや日本などはまさにこの「自衛権」の論理を悪用して世界中を巻き込む第2次大戦に突入しました。

（2）第2次大戦、そして国際連合の結成へ

1931年9月、日本では軍部や右翼団体が「生命線満蒙」の危機をあおるなか、関東軍が南満州鉄道爆破事件（柳条湖事件）をおこし、これを中国軍の行為とデッチ上げて軍事行動を拡大しました。日本政府はこれを「満州事変」と称して結局は軍部の行動を追認し、翌32年には、かいらい政権「満州国」を立ち上げました。日本政府は、アメリカとイギリスが「特殊利益地域」には不戦条約は適用されないことを確認していることをもちだし、日本の行動も「自衛権の行使」であると主

張しました。

しかし、侵略された中国も不戦条約の加盟国であり、日本と対等にこの条約によって保護を受ける権利をもっています。中国は国際連盟へ提訴しました。にもかかわらず、イギリスやアメリカは、当初、日本への批判をおこなっていません。イギリスやアメリカは国内の大恐慌や、そのなかで高まった労働者のたたかいへの対応に追われていただけではなく、根本的には同様の行為を海外にたいしておこなっていたからです。その足もとを見て日本政府は、国際連盟の理事会や総会が採択した「撤兵を求める勧告」等をいっさい無視し続けました。

イギリスやアメリカなどが日本を厳しく非難するようになったのは、日本が上海など中国にたいする侵略行為を全面化させ、米英などが中国にもっていた権益を侵すようになってからです。こうして33年の総会で「自衛権の行使」という主張が退けられた日本は国際連盟を脱退、国際的なルールをまったく無視し、中国大陸への侵略戦争を拡大していきます。

同じ33年、ドイツでは2月の国会放火事件（ナチスが共産党攻撃のため仕掛けた謀略と言われる）をきっかけに「民族・国家保護法」が、続いて3月には「国民および国家の困難を除去するための法律」（通称「全権委任法」または「授権法」）が制定され、ナチスは国会も憲法も無視して自由に法律を制定できるようになりました。こうして独裁体制を確立したヒトラーは、36年のスペイン内乱への干渉戦争を手はじめに、国民の権利を徹底的に抑圧しながら侵略戦争を拡大していきました。

1939年9月、ポーランドへの侵略を開始したドイツにたいし、英仏が宣戦布告をおこない、第２次世界大戦の火ぶたが切って落とされました。

■日独伊の侵略戦争拡大と反ファシズム統一戦線の形成

１９４１年12月、日本も米英に宣戦布告して第２次世界大戦に参戦、日・独・伊のファッショ連合が形成されました。また、ドイツがこの年６月にソ連への侵略戦争を開始したため、ソ連と米・英・仏の反ファッショ連合の原型も形づくられていきます。こうして第２次世界大戦は、世界の主要国が２つの軍事ブロックに分かれて正面から対決することになり、その規模、残虐性において、まさに人類史上未曾有のものとなりました。

この戦争にまきこまれた国は60ヵ国、人的犠牲だけでも死傷者が５６００万人というぼう大な数にのぼっています。毒ガスや細菌兵器が使われただけでなく、最後の戦いの場となった日本では、人類初の原爆投下という残虐行為までおこなわれました。

日・独・伊の強力な軍隊と戦うためには、連合国の側も、第１次大戦以上に総力戦を強いられることになりました。国民を文字どおり総動員していくためには、この戦争がファシズムとの闘争であるとの大義を掲げるとともに、戦争に勝利した後には諸国民の生活と権利を向上させること、さらには安定した平和をもたらすための世界機構をつくること、などを約束する必要がありました。それをうちだしたのが、１９４１年８月、ルーズベルト米大統領とチャーチル英首相が会談後発表した「大西洋憲章」です。

憲章は、ファシズムとの徹底した戦いをよびかけるとともに、「すべての国のすべての人が、恐怖と欠乏からの自由のうちに、かれらの生を全うすることを保障するところの……平和を確立する」、「世界のすべての国民が、実質的および精神的のいずれの見地からみても、武力の使用の禁止に到達しなければならない」としています。そのため第2次大戦後の世界平和について、領土不拡大、民族自決、通商・資源への平等参加、経済面での国際協力、海洋の自由、武力行使の放棄と軍備縮小、集団的安全保障体制などの8原則を示しています。ソ連、中国（中華民国）もこれを支持し、さらに22ヵ国が加わって、ここに反ファッショ連合が正式に形成されることとなりました。

この原則は、大戦後の国際連合憲章の下敷きとなり、戦後における市民的・政治的権利のいっそうの充実や、社会保障や労働権など生存権・社会権の確立にも道を開くことになります。

第2次大戦は、イタリアが1942年9月、ドイツが45年5月、そして日本が同年8月に降伏し、連合国の勝利に終りました。

■国際連合がめざした戦争違法化の徹底

「われらの一生のうちに二度まで言語に絶する悲哀を人類に与えた戦争の惨害から将来の世代を救い……」との前文ではじまる国連憲章の調印式は、1945年6月26日、サンフランシスコでおこなわれました。41年の「大西洋憲章」でうちだされた国際連合設立の基本構想は、43年10月のモスクワ会談をつうじて米英ソ中の4ヵ国外相（中国は駐ソ大使）の合意となり、ダンバートン・オークス会議（44年8月）、ヤルタ会談（45年3月）で練り上げられました。そして、日本がまだ絶望的な抵抗を続けていたさなかの1945年4月25日からサンフランシスコに50ヵ国の代表が集まり、ここで憲章についての最後の討議をおこなって内容に修正を加えたうえで、調印のはこびとなりました（調印国はその後1ヵ国が加わり51、憲章の発効は同年10月24日）。

「戦争の惨害から将来の世代を救（う）」ことを正面から掲げた国連憲章は、従来にもまして、明確に戦争の違法化を宣言することになりました。それは、憲章の次のような「第一章　目的及び原則」にあらわれています。

第1条1項（目的）「国際の平和及び安全を維持すること。そのために、平和に対する脅威の防止及び除去と侵略行為その他の平和の破壊の鎮圧とのため有効な集団的措置をとること並びに平和を破壊するに至る虞《おそれ》のある国際的の紛争又は事態の調整又は解決を平和的手段によって且つ正義及び国際法の原則に従って実現すること」

第2条3項（原則）「すべての加盟国は、その国際紛争を平和的手段によって国際の平和及び安全並びに正義を危うくしないように解決しなければならない」

第2条4項「すべての加盟国は、その国際関係において、武力による威嚇又は武力の行使を、いかなる国の領土保全又は政治的独立に対するものも、また、国際連合の目的と両立しない他のいかなる方法によるものも慎まなければならない」

この規定によって、不戦条約のような形式的な意味における戦争のみならず、実質的な意味において戦争とみなしうる武力行使も一般的に禁止され、さらには、直接的な武力行使のみならず、武力による威嚇も禁止の対象とされました。

国際連盟規約、不戦条約にくらべて、きわめて明確に戦争違法化の姿勢を示していることはこれらの目的や加盟国としての義務に違反した国にたいしては、国連は制裁のための「集団的行動」をおこなうことを定めていることでも明らかです。「経済的関係及び鉄道、航海、航空、郵便、電信その他の運輸通信の手段の全部又は一部の中断並びに外交関係の断絶」を内容とする「非軍事的措置」（第41条）と、国連加盟国による「軍事的措置」です（第42条）。これらの制裁は、安全保障理事会で決定します。

日本が、「満州事変」という言葉を使うことによって非難をかわそうとした経験も踏まえて、憲章は前文を除いて「戦争」という言葉を使わず、「武力による威嚇又は武力の行使」という言葉を使って言い逃れの道をふさぐ厳密さも示しました。

■国連憲章原案にはなかった「自衛権」

ところで、サンフランシスコ会議に提案された米英ソ中作成の国連憲章の原案は、「自衛権」についていっさいふれていませんでした。各国の主権が侵害されることを軽視したからではありません。各国が軍事力を保持することを禁止してはいないことからも明らかなように、他国から武力攻撃を受けた国は、この国連の目的と加盟国の義務にしたがって反撃すればよいとしているのです。侵略をした側はもちろんです。反撃をした側であっても、それが国連憲章の規定を超えるにいたった場合には、国連が制裁をおこなう仕組みになっているからです。

不戦条約いらいの論議が示すように、定義があいまいなまま「自衛権」という言葉を安易に憲章に持ち込むことによって戦争違法化の原則まであいまいになることを避けるためにも、これらの規定だけで足りると判断したからです。（安倍首相はこうした状況を逆用して「侵略の定義は定まっていない」などとして過去に日本がおこなった戦争を「侵略戦争」と認定することを拒否しています。しかし国連は１９７４年12月の総会で「侵略の定義」に関する決議を採択しています）

なお憲章原案にたいしては、審議をつうじていくつかの修正がなされました。中南米やカナダなどの国々の主張によって、国連の主要機関として経済社会理事会を設置することが新たに盛り込まれました。また、イギリスなどの意図的な動きによって脱落させられていた民族自決権の規定がソ連の主張によって復活させられました。戦後の国際社会は、資本主義大国の動きだけで物事が決定されるような状況ではなくなりつつあったことのあらわれです。

突如「発明」された「集団的自衛権」

しかし、国連憲章原案に対するもっとも重大な修正はアメリカによって提案されました。この国連憲章の原案作成に参加してきたはずのアメリカの突然の提案で、自衛権に関するつぎのような規定が盛り込まれることとなりました。

第51条　この憲章のいかなる規定も、国際連合加盟国に対して武力攻撃が発生した場合には、安全保障理事会が国際の平和及び安全に必用な措置をとるまでの間、個別的又は集団的自衛の固有の権利を害するものではない。（以下略）

集団的自衛権を盛り込むこの修正について、国際法学者の高野雄一は指摘します。

「明らかなことは、この言葉と概念がサンフランシスコ会議に至って、きわめて特殊な事情のもとに、はじめて生れたこと、むしろ『発明』されたことである。サンフランシスコ憲章で新たに自衛権の規定がおかれたのは、……九分九厘この『集団的自衛権』を認めるためであった」（高野『集団安保と自衛権』）。

それまでの国際社会では「集団的自衛権」という言葉も考え方もなかったのです。

この規定を盛り込んだ狙いについて、アメリカ代表・バンデンバーグの顧問としてこの会議に参加したジョン・フォスター・ダレスはつぎのように述べています。

「サンフランシスコ会議の時、われわれは、当時合衆国政府が2つの矛盾して相容れない行動をとっていたという事実に直面した。その一つは、5大国の拒否権を定めた1945年2月11日のヤルタ会談の決定であった。この決定は、ダンバートン・オークス提案と読み合わせる時、次のようなことを意味する。すなわち、地域的協定の下においては、いかなる平和強制措置も、常任理事国である５大国全部が同意する安全保障理事会の表決なしには、行われ得ないということである。それがどんなことを意味するかを、次に例示しよう。

いま、かりに共産党が南米諸国中の一国の支配権を握ったとすれば、その政府はソビエト共産党の黙認と支持の下に、その隣国に対し侵略戦争を開始することができ、しかも、合衆国又は他の米州条約調印国は、ソ連の同意がなければ、平和のための強力な行動をとることができないのである。……

そこでわれわれは、適当な方式を見出し、これに対するソ連政府及びラテン・アメリカ代表団の同意を得るという難事業に当面した。いろいろな意見が出たが、最後に意見の一致を見た方式は、現在憲章第51条として掲げられているものであり、それは、自衛のための『集団的』権利を規定している」

■軍事同盟のはじまりと「集団的自衛権」

アメリカは自国の「裏庭」とみなしていたラテン・アメリカの20ヵ国と米州機構をつくっていました。そして国連憲章審議の始まる直前の１９４５年の3月下旬から4月上旬にかけて、アメリカはこの米州機構加盟国の代表をメキシコシティ郊外のチャプルテペック城に集め、会議を開いています。そこで「〔米州機構に加盟する〕一アメリカ国家の領土の保全及び不可侵ならびに主権と政治的独立に対するすべての攻撃は、本宣言のすべての署名国に対する侵略行為」とみなして「軍事力の行使」を含むあらゆる対抗措置をとる、とのチャプルテペック協定（米州条約）を締結していました。つまり軍事同盟条約です。

サンフランシスコの会議で国連憲章が原案のまま採択されるなら、反撃できるのは、攻撃を受けた当事国だけで、アメリカなど他の米州機構加盟国は、安全保障理事会の決定なしにはその戦争に参加できません。しかし、その安保理ではソ連が拒否権をもっており、そうした軍事同盟にもとづくアメリカの参戦が認められるとは限りません。そのためラテン・アメリカの国々は国連への不参加も辞さない構えを示し、「ラテン・アメリカの危機」とよばれる緊張をもたらしていました。

国連憲章51条の規定をめぐる国連の論議は難航します。しかし、まず確認されたことは、ダンバートン・オークス案には自衛権に関する規定はありませんでしたが、明記されていなくとも、自国が攻撃された場合に自らを守る「自衛権が存在する」ことは当然の前提とされたことです。そのため、憲章2条4項で「武力による威嚇又は武力の行使」を禁止しているが、「侵略に対する自衛権は損なわれるべきではない」ことが確認されました。

そこで、アメリカは自らの修正案の意図が「自衛における集団行動の権利」を承認することにあり、「集団的あるいはグループによる行動の権利は武力攻撃が生じた場合にのみ発動される」との説明をおこなっています。あくまでも武力攻撃を受けた国を共同で防衛するという論理です。先制的に武力行使することは許されないことを強調しました。

この経過が示すように、集団的自衛権とは、アメリカと軍事同盟条約を結んでいる国にたいして

「武力攻撃」が発生した場合、その武力攻撃の発生時から「安全保障理事会が国際の平和及び安全に必用な措置をとるまでの間」に限定して、アメリカもこれに介入し、武力行使ができる「権利」として考え出した（発明した）ものだったのです。

■世界に広がった軍事同盟の網の目

ただ問題は、アメリカも国連安保理で拒否権をもっているということです。安保理がアメリカの軍事介入を認める見込みがあるなら、安保理が「必用な措置」をとるまでのあいだ、武力攻撃を受けた国との軍事同盟にもとづいて、その戦争に介入できます。安保理がアメリカの主張を認めないと判断したら、アメリカの介入を議題として論議すること自体に拒否権を行使すればよいのです。

国連憲章採択後、ダレスは米上院外交委員会の公聴会でつぎのように証言しています（西崎文子『アメリカの冷戦政策と国連』）。

「安全保障理事会は（拒否権をもっている）アメリカの同意がなければ行動がとれないのであるから、西半球における行動をまず安全保障理事会を通してとるか、それとも安全保障理事会の行動に反対票を投じ、その結果として、必然的に行動を米州諸国の防衛条約に委ねるようにするかといった決定は、実際のところアメリカが常任理事国であるという立場上、自由に選択できるものなのである」

国連の平和維持の機能は、この国連憲章第51条の追加によって、きわめて重大な制約を受けざるをえませんでした。アメリカは、この「集団的自衛権」を行使する体制をつくるために、１９４９年にヨーロッパの国々やカナダを中心にＮＡＴＯ（北大西洋条約機構）を発足させ、52年には日本と安保条約を結ぶなど、世界中に軍事同盟網をはりめぐらしたからです。その軍事同盟を口実に、たとえば60年代半ばから、アメリカはベトナムへの大々的な侵略戦争を行いました。その政権が国民的な支持基盤をもっていなくとも、政府と軍事同盟を結んでいるという形さえつくっておけば、軍事的な介入が可能なのです。

ソ連もアメリカに対抗する形で、東欧諸国のあいだで１９５５年にワルシャワ条約機構（友好・協力および相互援助条約）を発足させました。しかし、このワルシャワ条約機構もアメリカの軍事同盟網と同じ意味をもつものでしかなかったことは、１９６８年8月にソ連が同盟国をひきいてチェコスロバキア（現在はチェコとスロバキアの2国として独立）への軍事侵攻をおこない、閣僚を入れ替えるなど内政への干渉をおこなったことによって証明されています。

国連がめざした「集団安全保障体制」と、アメリカが主張し国連憲章にねじこんだ「集団的自衛権」は、もともと両立するものではありません。「集団安全保障体制」は仮想敵をもたず、武力紛争を回避することを目的とするものです。これにたいし、「集団的自衛権」は「仮想敵」をもち、同盟国を強制的に動員して戦う体制をつくるものです。

米ソは、この「集団的自衛権」体制の名による軍事ブロックによって対立をいっそう深めたばかりでなく、加盟国の主権を侵害してその内政に干渉するテコとしていきました。

それは、日米安保条約のもとで軍事面ばかりか、外交、経済などの面でもアメリカに従属している日本の姿にもあらわれています。

第2次大戦の教訓を生かすはずの国連は、こうして多難な出発をせざるをえませんでした。

(3) 各国、各地域にひろがった戦争違法化の流れ

■各国憲法に登場した平和条項

さまざまな口実を使って繰り返される逆流にもかかわらず、20世紀に入って強まった国際社会における戦争違法化の流れは、確実に広がっています。

それは、各国憲法のなかにもさまざまな形で反映することになりました。その動きを第2次大戦後に制定された各国の憲法について見てみます（山内敏弘『平和憲法の理論』、阿部照哉・畑博行『世界の憲法集・第三版』）。

①侵略戦争（または征服戦争）の放棄、あるいは犯罪化

フランス第四共和制憲法（1946年）前文、イタリア憲法（1947年）11条、ビルマ憲法（1947年）211条、ドイツ憲法（2002年）26条、韓国憲法（1988年）第5条1項など。

▽ドイツ憲法26条「諸国民の平和的共同生活を妨げるおそれがあり、かつそのような意図でなされる行為、特に侵略戦争の遂行を準備する行為は、違憲である。このような行為は、処罰

されなければならない」
▽韓国憲法第5条1項「大韓民国は、国際平和の維持に努め、侵略戦争を否認する」
②主権制限条項
フランス憲法（1946年）前文、イタリア憲法（1947年）11条、ドイツ憲法（2002年）24条、デンマーク憲法（1953年）20条など。
▽イタリア憲法11条「イタリアは、他国民の自由に対する攻撃の手段としての、および国際紛争を解決する手段としての戦争を放棄し、他国と同等の条件で、諸国家間の平和と正義を保障する機構に必用な主権の制限に同意し、この目的を有する国際組織を推進し、助成する」。
③紛争を仲裁裁判等の平和的手段によって解決する旨を規定
▽ドイツ憲法（2002年）24条3項「国際紛争を規律するために、連邦は一般的・包括的・義務的な国際仲裁裁判に関する協定に加入する」
④永世中立宣言
▽オーストリア憲法（1955年）第1条「i　オーストリアは、その対外的な独立性を絶えず維持する目的のために、及びその領域を侵害されない目的のために、自由意思に基づいてその永続的な中立を宣言する。オーストリアは、この中立を、自己に可能なあらゆる手段をもって維持し、守り抜くものとする。
ii　オーストリアは、この目的を確保するために、あらゆる将来において、いかなる軍事的

な同盟にも加わらないし、自己の領域内に外国の軍事基地を設けることをも認めない」。

⑤非核条項

ベラウ憲法（１９８１年）13条6項、フィリピン憲法（１９８７年）2条8項。

▽ベラウ憲法13条6項「戦争における使用を意図した核兵器、科学兵器、ガス兵器、生物兵器などの有害物質、原子力発電所、そこからの廃棄物は、この特殊の問題について提起される国民投票の4分の3の承認がなければ、ベラウの領土管轄区域で使用、実験、貯蔵、投棄されてはならない」。

⑥良心的兵役拒否権の保障

▽ドイツ憲法12条ａ２「良心上の理由から武器をもってする兵役を拒否する者には、代替役務を義務づけることができる。代替役務の期間は、兵役の期間を超えてはならない。詳細は法律でこれを規律するが、この法律は、良心の決定の自由を侵害してはならず…」。

⑦常備軍の制限あるいは廃止

スイス憲法（１９９９年）13条、コスタリカ憲法（１９４９年）21条など

▽コスタリカ憲法21条「常設の制度としての軍隊は、これを禁止する。警備および公共の秩序の維持のためには、必要な警察部隊を置く。大陸協定によってのみ、または国民の防衛のためにのみ軍隊を組織しうる。いずれの場合にも、軍隊は文権に服する。軍隊は、個別的であると集団的であるとを問わず、評議をし、示威行為をし、あるいは宣旨を発してはならない」。

日本国憲法第9条はこうした世界の流れの最先端をいくものです。

■友好的な交渉で紛争を平和的に解決

個別の国の枠を超えて地域の共同体として平和を維持しようとする動きも広がっています。大きな広がりをみせているのが東南アジアです。

東南アジア各国は、長くつづいたベトナム戦争のなかで、アメリカが張り巡らせた軍事同盟網の一つである東南アジア条約機構（SEATO）の構成員としてベトナム侵略戦争に動員されました。そのため、アジア人同士が殺し合いをさせられ、地域は分断されていました。

そうしたさなかの1967年に、「平和、自由、社会正義、経済的幸福という長年の理想を達成する最良の道は、歴史的・文化的な絆を持つ諸国間に、相互理解と善隣関係、有益な協力を育むことだ」（設立宣言）との趣旨のもとに東南アジア諸国連合（ASEAN）を発足させました。タイ、インドネシア、シンガポール、フィリピン、マレーシアの5ヵ国で発足し、その後加盟国が増え、現在は10ヵ国になっています。

ASEANは東南アジア友好協力条約（TAC）、ASEAN地域フォーラム（ARF）、東南アジア非核地帯条約（ASEANWFZ）など、平和と安全保障の枠組みを重層的に作り上げ、それを域外にも広げています。

なかでも注目すべきは1976年に締結されたTACです。そこでは、「締約国は、紛争が発生することを防ぐための決意及び誠意を有するものとする。締約国は、自国に直接影響する問題についての紛争、特に地域の平和及び調和を害するおそれのある紛争が生じた場合には、武力による威嚇又は武力の行使を慎み、常に締約国間で友好的な交渉を通じてその紛争を解決する」ことを約束しあうとしています（第13条）。そして、「すべての国の独立、主権、平等、領土保全及び主体性の相互尊重」「相互の国内問題への不干渉」「締約国間の効果的な協力」などを基本原則として確認しています（第２条）。

加盟国はその後、中国やロシア、ＥＵ（欧州連合）、アメリカ、日本と東南アジアの地域を大きく越えて増えつづけ、現在57か国、世界人口の72％に広がっています。

１９９５年締結の東南アジア非核地帯条約では、これを保障する議定書への署名を核保有５ヵ国に求めるなど核兵器のない世界に向けた努力もおこなっています。

15年11月には、加盟10ヵ国の首脳会議で「ＡＳＥＡＮ共同体ビジョン」を採択しました。そこでは、戦争放棄を明記したＴＡＣなどの原則を堅持し、東アジアの平和と安定に「中心的役割」を果たすと強調。東アジア首脳会議（ＥＡＳ）に参加する18カ国（ＡＳＥＡＮ10ヵ国と日米中ロシアなど）が、ＴＡＣと同様の「法的拘束力のある文書」を結ぶことを探求すると宣言しています。

同年12月にはこのビジョンを受けて、新たに東南アジア諸国連合（ＡＳＥＡＮ）共同体が発足しました。「アジア太平洋全体の平和、安定、安全のために協力する『開かれた共同体』をめざす」（レ・ルオン・ミン事務局長）というものです。共同体は、平和を保障する「政治・安保共同体」、繁栄をめざす「経済共同体」、一人ひとりが豊かに発展できる「社会・文化共同体」の3つの柱からなります。共同体発足はＡＳＥＡＮの結束を強め、東南アジア全体で軍事に頼らない地域的な安全保障体制を築いていく取り組みにも力となります。

■「平和地帯」をめざす中南米

かつてはアメリカによって属国的扱いをうけてきた南米地域では、２００４年12月、南米12ヵ国の首脳会議の宣言によって「南米共同体」を発足させました。そこでは、共通の理念として、「南米大陸は伝統に基づく政治・哲学思想を通じて南米のアイデンティティ及び共通の価値観といえるものをもっている。そのなかには民主主義、連帯、人権、自由、社会正義、領土の保全、多様性、差別の否定、自律性の肯定、国民主権の尊重、紛争の平和的解決といった理念が含まれる」ということが掲げられました。

その後、この共同体に3ヵ国が加わり、２００8年5月には「貧困、排除、社会的不平等などこの地域にいまも害を及ぼしている諸問題の解決」「主権の平等と平和の文化が勝利し、核兵器と大量破壊兵器のない世界…を達成する」などを目的に掲げた「南米諸国連合」へと発展しました。この「諸国連合」は２０１1年12月には中央アメリカおよびカリブ海諸国のすべてにあたる33ヵ国の参加する「中南米カリブ海諸国共同体」（ＣＥＬＡＣ）に発展しています。しかもアメリカ大陸で初めてアメリカ合衆国もカナダも加えない地域の共同体の実現です。

注目する必要があるのは、ＣＥＬＡＣの第2回首脳会議（２０１４年）で採択された「平和地帯宣言」です。そこでは、紛争の平和的解決などを誓約していますが、それは多くの国が米国の干渉と侵略に苦しめられてきた中で、地域の平和の問題を自分たち自身で解決していくとの決意表明です。

地域の当面する課題は、コロンビア政府と反政府武装集団コロンビア革命軍（ＦＡＲＣ）の半世紀にわたる武力紛争を終結させることです。２０１２年から続けている両者の和平交渉では、最大の難関と見られていた紛争犠牲者への補償問題などで話し合いがもたれてきました。ＣＥＬＡＣは15年1月の第3回首脳会議で採択した特別声明で、和平交渉への「断固たる支援」を表明し、和平の実現は「この大陸の平和の土台」と強調してきましたが、16年1月27日に開かれた第4回首脳会議に先立つ記者会見でコロンビアのサントス大統領は、「域内で唯一の戦争が終わるだろう。対話を通じて、犠牲者への補償も伴う平和を実現する、おそらく世界で唯一の例になるだろう」と述べました。

また、ＣＥＬＡＣ加盟諸国は、米州サミットなどで米国に対し、サミットへのキューバの参加を認めるよう求めてきました。米国とキューバの国交回復（15年7月）は、そうしたなかで米国の「孤立」が浮き彫りになる過程でのできごとでした。さらにＣＥＬＡＣは、「平和地帯宣言」もふまえたうえで、キューバにあるグアンタナモ米軍基地の返還などが両国の関係正常化に欠かせないとする立場を明確にしています。

南米・カリブ地域は文字通り「平和地帯」となる方向へと大きく前進しつつあります。

第4章

憲法9条をめぐる70年間のせめぎ合い

1947年5月3日、日本国憲法は施行されました。占領下という国の主権が保障されていない異常な状況のもとではありましたが、占領軍は当初、日本国憲法を国民のなかに普及することに強い熱意を示しました。宮崎県で社会教育課長をしていた上野裕久（後に岡山大学教授・憲法学）は、当時のもようをつぎのように振り返っています（『月刊憲法運動』72年5月創刊号）

「日本国憲法が公布されると、国会を中心に、芦田均を会長として憲法普及会が作られ、各都道府県にはその支部が作られることになった。憲法普及会宮崎県支部は県知事を支部長、弁護士会長を副支部長、社会教育課長を事務長とし、3、4名の専任者をおいて22年（1947年）1月17日に発足したが、社会教育課の課員の多くがその兼務となり、5月の施行までに新憲法を県民に徹底させるべく、大車輪の活動をすることになった。…当時占領軍は憲法普及に並々ならぬ熱意を見せ、私達はたえず尻をひっぱたかれた。…

私達は精いっぱい憲法普及活動をやっていたのであるが、ある日民政部から呼び出された。部屋に入ると教育係将校が不機嫌な顔をしている。何かまずいことがあったかなと思いながら対座すると、『あなたは県下全町村を廻って憲法普及事業をやって来たと報告したが、私が昨日ジープに乗って田舎に行き、道端で農作業している百姓に『憲法を知っているか』と尋ねたら、そんなものは知らないと答えた。あなたの憲法普及活動はまだ不十分だ』と叱られた。…

教育係将校は『憲法の全文を印刷して県内全家庭に配ったらどうか』と私に言った。私も前からそうしたいと思っていたが、当時は非常な紙不足で、新聞もようやく2頁のタブロイド版を出している状態であった。私が、『そうしたいのだが紙がない』と答えると、『トイレットペーパーを使ったらどうか』という。私はこの言葉を聞いてくやし涙が出た。進駐して来た米軍は立派な家を接収し、洋式に改造させて住い、食物は本国からの持込みで不自由なく、トイレットペーパーも真白なものを使っていた。これに反して戦争に負けたわれわれ日本人は爆撃の震動で傾いた家に数家族が住み、甘藷のつるや雑草を粉にして作ったパンで飢えをしのいでいた。真白いチリ紙など一般国民はお目にかかることなく古雑誌で用を足していた」

(1) 個別的自衛権容認と安保・自衛隊

■アメリカの戦略転換―日本を「反共の防波堤」に

しかし、こうしたアメリカの姿勢はあっさりと転換します。

当時の外務省条約局長として、やがて連合国との平和条約が締結されて占領軍が撤退したあと、日本国憲法9条にもとづいてどのような外交方針をとるかを探究していた西村熊雄は言います。「ポッダム宣言、降伏文書、極東委員会の対日処理の根本をご破算にして、日本を自らの安全保障体制の中に組み入れる、要するに共産圏諸国を除外する、他の連合国だけで日本に独立を回復させて、軍備制限条項を置かないで再武装させ、また経済的にも強大に一日も早くならし、そうして平和条約締結と同時に米英陣営の防衛体制の一環にとりいれようという180度の転換がありました」（西村『日本の安全保障』）。

第2次大戦における反ファシズム戦争の勝利に勢いづいた世界では、いたるところで革命運動、民族独立運動が活発化しました。アメリカはこれをソ連の影響力の広がりとみて危機感を深めていたのです。とくに政局が不安定となっていたギリシャ、トルコにたいしては援助をおこなうとともに、ギリシャの内政への介入を開始しました。

こうした政策を展開するにあたって発表されたのが、「トルーマン・ドクトリン」です（47年3月）。トルーマン大統領はそのなかで、「どこに侵略が起きても、直接・間接を問わず平和が脅かされる場合には、米国防にかかわるものとみなす」とし、「武装した少数派や外部からの圧力による征服の試みに抵抗している自由な諸国民を援助することが、アメリカの政策でなければならない」と述べています。公然たる米ソ冷戦開始の宣言でした。それまでもくすぶりつづけていた戦後世界における覇権をめぐる米ソの対立が一気に表面化しました。

当時、アメリカの占領下にあった日本は、この米ソ冷戦の余波を正面から受けることとなりました。48年1月、ロイヤル米陸軍長官はつぎのような演説をおこなっています。
「対日占領政策の方向は極東にふたたび戦争または侵略がおこらぬよう、これを防止するために役立つ強力な民主政治を育成することにある。日本自身が自立しうるのみならず、今後極東に起こるかもしれない新しい全体主義の脅威に対し防壁の役割を果たすに十分な強力な安定した民主主義を築きあげることにある」。

日本を、「極東における反共の防壁」にするとの宣言でした。それは、日本が自力で、「民主主義」を守れるようにするとの口実で、日本の再軍備を始めることとの予告でもありました。

もっともアメリカが指摘したソ連の侵略の危険も、必ずしも思い過ごしではありませんでした。ロイヤル演説の1ヵ月後、スターリンが指導するソ連はアメリカの新たな戦略に対応するため、勢力圏の維持・拡大に乗り出していたのです。そのため47年9月にコミンフォルム（共産党・労働者党情報局）をつくり、まず自主路線を強めつつあったユーゴ共産党の内部に介入し「共産主義の敵」「反国際主義」といった批判を加えるなど各国の共産主義運動への覇権主義的干渉を強めます（その後50年代前半には日本共産党も熾烈な干渉を受けましたが自主独立を守りました）。

48年6月には、ソ連の影響下の東ドイツが、西ベルリンと西ドイツとの間の空路を除く一切の交通を遮断し、米英仏の西側3国を西ベルリンから締め出そうとベルリン封鎖をおこないました（西ベルリンは西側の飛び地で、東ドイツの中にあった）。こうして戦後、米ソ両陣営によって東西に分割して占領統治されていたドイツの緊張は一気に高まりました（封鎖は49年5月に解除）。

第2次大戦の終結によってもたらされたかにみえた「平和」はたちまち崩壊し、「冷戦」が本格化しました。

■アメリカによる「日本の再軍備」計画

アメリカの初代国防長官フォレスタルは、こうした状況を踏まえてロイヤル陸軍長官にたいし、日本と西ドイツの限定的再軍備の研究をするよう覚書を送り、その具体化がはじまりました。その結果、日本国憲法施行からわずか1年しかたっていない48年5月、アメリカ国防総省によって「日本の限定的再軍備」計画がまとめあげられました。「近い将来の戦争勃発の際の日本防衛において、削減された在日米軍を支援するために日本の人的資源を活用する」というのがその目的です。皮肉にも、日本国内ではGHQのマッカーサー最高司令官が、「日本は東洋のスイスになれ」と発言をしていたのと同じ時期です。

この「限定的再軍備」計画は、その後の日本の軍備の基礎となっていきます。その主な部分は以下のとおりです（古関彰一『「平和国家」日本の再検討』より）。

5　日本をひきつづき米国の側に置き、戦略的な位置にある日本を米国が支配することは、極東における共産主義の膨張に対抗し、必要とあらば、われわれの現在の戦争計画を達成するにも欠かすことはできない。

9　日本の市民警察の増強はまず現在の中央集権的国家・地方警察を強化するために行われるべきである。国家・地方警察は、その本来の任務に加えて、占領軍の地域的保安軍の任務を支援し、将来の日本軍隊の組織化への橋渡しとなる（引用者注・当時の警察は国の管轄する国家地方警察と、ほぼ人口五千人以上を単位とする自治体警察に分かれていました）。

11　計画はいまや日本の限定的軍備の最終的設立のために連合国による占領の終了もしくは実質的日本の主権回復にむけて準備されるべきである。日本の限定的軍備は米国によって主として組織・訓練され、厳重にコントロールされるべきであり、国内の安全を維持し、外部からの侵略にたいする地域的防衛行動に従事し、国威の再興に貢献するという目的のために存在すべきである。

12　いまや将来の防衛のための日本軍を容認する立場で、新憲法の改正を達成するための調査が行われるべきである。

注目すべきは、日本の国家地方警察を強化し「将来の日本の軍隊への橋渡し」にするとしていることです。しかも、それに「占領軍の地域的保安軍」を支援する任務を新たにつけ加えることによって、「米国によって主として組織・訓練され、厳重にコントロール」していくことまで明記されています。再建される日本の軍隊をアメリカの従属下におくことの表明であるとともに、日本の再軍備が、かつての日本軍国主義の復活につながることを危ぶむ本国アメリカの世論への配慮でもありました。

■朝鮮戦争勃発と警察予備隊

1950年6月25日、北朝鮮の金日成は、スターリン、毛沢東の支持を受けた南朝鮮武力解放政策にもとづき38度線を超えて南進政策を開始します。朝鮮戦争の勃発です。

マッカーサーは7月8日、吉田首相に書簡を送りました。「法の違反や平和と公安を乱すことを常習とする不法な少数者たちによって乗じられるすきを与えないような対策を確保するために」、また、「不法入国や密輸を取締るため、日本の長い海岸線を確保する」ことができるよう、「日本政府に対し、七万五千名からなる国家警察予備隊を設置すると共に、海上保安庁の現有保安力に八千名を増員するよう必要な措置をとることを許可する」という内容です。「許可」という言葉を使っていても、それは日本政府に対する有無を言わせない「命令」にほかなりません。

日本政府はこれに応えて、8月10日、一片の政令にすぎない「警察予備隊令」を公布し、警察予備隊を発足させました。吉田首相は、この警察予備隊についてつぎのように説明しています。

「警察予備隊の目的は全く治安維持にある。それが国連加入の条件であるとか、用意であるとか、再軍備の目的であるとかはすべて当らない。日本の治安をいかにして維持するかということにその目的があるのであり、従ってそれは軍隊ではない」(50年7月30日、参議院本会議)

吉田首相がアメリカの「限定的再軍備」計画を知っていたかどうかは明らかでありません。しかし、警察予備隊がたんなる「警察力の強化」でないことは十分承知していたうえでの答弁です。設置された警察予備隊の実際の役割は、「占領軍の地域的保安軍の任務を支援」することでした。

つまり、朝鮮戦争によって在日米軍が朝鮮半島に総出撃したため、それまで米軍がおこなっていた占領支配のための日本の治安維持の任務を受け継ぎ、在日米軍基地と米軍人の家族を守ることだったのです。

警察力の延長であるかのような形をとっていましたが、極東米軍総司令部特設委員会の作成した「警察予備隊創設計画」(50年7月10日)は、「(予備隊が)軍事的ないし準軍事的部隊とみなされ、内外に波紋を招く(恐れがある)ので、カバー・プラン(偽装計画)のもとで開始せねばならない」としています。米軍の命令にもとづき、米軍によって「厳重にコントロール」され、つぎにおこなわれる本格的な日本再軍備への「橋渡し」となる宿命をおって発足したのです。

発足した警察予備隊の組織・編成・装備・訓練を指揮した占領軍のF・コワルスキー大佐は、「マッカーサー元帥の構想は、将来4個師団の陸軍に増強できる擬似軍隊をつくることであった」と言いつつ、つぎのように述べています。

「私の個人的感情としては、日本が再軍備されることとは、少し悲しいことであった。戦争を放棄する憲法を日本に書かせたアメリカの動機が、いかようなものであったにしろ、私は、戦争放棄こそは人類のゴールであると見ていた。八千三百万人の国家が、戦争およびすべての戦力を放棄した。……ところが、いまや人類のこの気高い抱負は、粉砕されようとしている。アメリカおよび私も、個人として参加する『時代の大うそ』が始まろうとしている。これは、日本の憲法は文面どおりの意味をもっていない、と世界中に宣言する大うそ、兵隊も小火器・戦車・火砲・ロケットや航空機も戦力でない、という大うそである。人類の政治史上、おそらく最大の成果ともいえる一国の憲法が、日米両国によって冒涜され、蹂躙されようとしている」（コワルスキー『日本再軍備』）。

日本の支配層のなかには、これを機に一気に憲法第9条を改悪しようとの考えをもった人びともいます。憲法第9条の改悪に生涯にわたって執念を燃やし続けた後の首相・岸信介は、改憲団体「自主憲法制定国民会議」の機関紙で、こう語っています。「当時、吉田さんや私には、占領軍がいなくなるとかえって憲法改正がむずかしくなるから、日本の事情を理解しだしたマッカーサーがいるうちに憲法を改めよう、との考えがあったのですが、あの朝鮮動乱でマッカーサーが急に辞めてしまったために具体化せず、吉田さんは後任のリッジウェイとも話し合われようですが、リッジウェイは日本の憲法を改正するという熱意にまでは至らなかった次第です」。

リッジウェイに改憲への熱意がなかったわけではありません。日本の占領支配が極東委員会の統制下にあるあいだは、憲法の明文改憲にまでは手をつけるべきでないという「限定的再軍備」計画の考えによるものです。

■「西側陣営」とだけ締結された「平和条約」

連合国による日本占領がやがて終了することは、ポツダム宣言でも当然予定されています。

「…諸目的カ達成セラレ且日本国国民ノ自由ニ表明セル意思ニ従ヒ平和的傾向ヲ有シ且責任アル政府カ樹立セラルルニ於テハ聯合国ノ占領軍ハ直ニ日本国ヨリ撤収セラルヘシ」（12条）

そのための条件は日本国憲法の成立により整ったと考えられ、日本が独立し主権を回復する時期が議論されはじめます。しかしその前提として第2次大戦交戦国との「講和条約」締結が必要になります。

米ソの対立がますます先鋭化しつつあった49年夏を境に、日本との講和条約締結をめぐる連合国側の動きに大きな変化が生じます。それ以前は、米英仏ソ中5大国のあいだでは、日本が第2次大戦で「敵」としてたたかった連合国全体と日本との「全面講和」とすることが協議されていたにもかかわらず、49年夏以降は米英陣営等「西側」陣営だけとの「単独講和」の動きが強まったのです。それは日本の安全保障の形式をどうするかという論議も引き起こすことになりました。

日本国内でも、「講和」のあり方をめぐっては大きな意見の対立がありました。連合国の中の「西側」諸国だけとの「単独講和」をめざす政府の動きに反対し、連合国全体を対象とする「全面講和」にすべきとの世論が高まっていたのです。安倍能成、大内兵衛、中野好夫、都留重人ら学者・文化人でつくる「平和問題懇談会」は50年1月声明を発表、「単独講和」は「日本の経済的自立」を達成しえないばかりか、「特定国家との軍事協定、特定国家のための軍事基地の提供」につながるものであり、「たとえ名目は講和であっても、実質はかえって、新たに戦争の危機を増大する」と指摘しました。

「全面講和」を主張するこれら学者・文化人を「曲学阿世《きょくがくあせい》の徒《と》」と罵倒していた吉田首相は50年4月、池田勇人蔵相を特使として訪米させました。「日本政府はできるだけ早い機会に講和条約を結ぶことを希望する。そして、このような条約ができても、おそらくは、それ以後の日本及びアジア地域の安全を保障するために、アメリカの軍隊を日本に駐留させる必要があるだろうが、もしアメリカ側からそのような希望を申し出にくいならば、日本側からそれをオファ〔提案〕するようなもちだし方を研究してもよろしい」と、アメリカの意図を先取りして「講和」後も米軍の駐留を認めると言わせるためでした（宮沢喜一『東京―ワシントン密談』）。

朝鮮戦争の勃発は、こうした動きの大きな転機となりました。吉田首相は第8回臨時国会の施政方針演説（50年7月14日）で、「かかる事態に直面してなお、いわゆる全面講和とか永世中立などという議論があるが、たとえ真の愛国心から出たものであっても、これは現実から遊離した言論」と「単独講和」への姿勢を明確にうちだしました。

またアメリカも、ダレスが10月初めまでにまとめた対日講和7条件では、「講和後、日本が軍隊をもつにいたるまでは、日本地区の国際的平和と安全の維持は、日本と米国、および、おそらくその他の諸国を加えた双方の責務とする」（「朝日」11月24日）と日本の再軍備と米軍駐留の意図をうちだしています。

■日本の主権を制限した「平和条約」

「日本国との平和条約」（サンフランシスコ平和条約）の調印式は1951年9月4日～8日、サンフランシスコのオペラハウスでおこなわれ、日本を含む49ヵ国が調印しました。しかし、提案された条約案の修正は認められない文字どおりの「調印式」とされ、各国の演説を中心としたたんなるセレモニーにすぎませんでした。そのため、アメリカ等の予想に反して出席したソ連、チェコ、ポーランドは、「平和条約」の調印を拒否しました。インド、ビルマ、ユーゴは「西側」だけを対象とした「単独講和」に抗議し、会議そのものを欠席しました。日本の侵略による最大の被害国であった中国からは、中華民国と中華人民共和国の双方から出席の申し出がありましたが、結局は双方とも招請されませんでした。

こうして「平和条約」(講和条約)そのものが、交戦国の全てを対象とするものではない異常なものとなっただけでなく、この会議で締結された条約の内容は、日本の主権を制限し、その後の日本がアメリカに従属し続けることになることへのレールをしく重大な内容が盛り込まれました。

まず、領土問題です。「ポツダム宣言」では、領土問題に言及した第8項で「カイロ宣言は履行せらる」としています。日本の無条件降伏を求めたその43年の「カイロ宣言」(日本ニ関スル米・英・華三国宣言)では、「右連合国は自国の為に何等の利得をも欲求するものに非ず　又領土拡張の何等の念を有するものに非ず」と日本の領土を奪うことはないとの姿勢を明記していました。

にもかかわらず、「平和条約」には、日本は千島列島にたいする「すべての権利・権限及び請求権を放棄」し(第2条c)、沖縄・小笠原については「合衆国を唯一の施政権者とする信託統治制度のもとにおく」とする国連へのアメリカの提案に同意する(第3条)とされました。カイロ宣言で明記された戦勝国による領土不拡大の原則に明白に反する内容が含まれています。

日本政府は、千島の領有権がソ連にあるとすることには抵抗しました。サンフランシスコ会議に日本の全権大使として出席した吉田首相は、つぎのように演説しています（宮沢喜一『東京―ワシントンの密談』）。

「千島列島及び南樺太については、過日ソ連代表は、これをあたかも日本が侵略によって略取したかの如き発言をされた。しかし実は、日本の南樺太領有は帝政ロシアといえども争わなかったところであり、北千島は日露両国間の外交交渉の結果1875年の条約によって南樺太と交換されたものである」と事実の経過を正確に述べています

しかし、アメリカとしては、「日本との平和条約」にこのことをもりこまざるを得ない事情があったのです。1945年2月のヤルタ会談で、ルーズベルト米大統領がソ連のスターリンに、対日参戦の見返りとして「千島を引き渡す」との密約を交わしていたからです。吉田首相の当然の主張にもかかわらず日本政府が「平和条約」に調印したことは、この米ソの密約を追認したことになります。後になって南千島の国後、択捉は千島列島にあたらないと言い出し、北海道の一部である歯舞、色丹とあわせて「北方領土返還」を主張し出したのはこの事実から目をそらす姑息な態度です。千島問題を解決するには、「平和条約」のこの条項を破棄するしかありません。

沖縄は、アメリカを唯一の施政権者とする国連の信託統治下におくとされました。信託統治とは、自治のない地域にたいし、住民の生活向上をはかりつつ自治能力を高めるために国連が定めた制度です。日本の一部である沖縄を国際条約においてこのように扱うことがきわめて理不尽であるばか

りでなく、アメリカは沖縄を国連の信託統治地域とする手続きすらとりませんでした。そのため沖縄はひきつづきアメリカの軍事占領下におかれ、日本国憲法の及ばない状況を続けることになります。

実は、マッカーサーが「日本は東洋のスイスになれ」などと言っていた48年4月頃、国防長官の送った覚書があります。その中でマッカーサーは、「琉球（沖縄）の最終的処分がどのようなものであろうと、合衆国は軍事的な権利を保持するものだということを自明のこととするか、ただちにその旨の決定を行うべきだ。これらの島々を軍事目的で開発することは、緊急の優先事項として推進されるべきだ」と述べています。つまりマッカーサーは沖縄をアメリカの要塞として確保してさえおけば、日本本土に米軍基地を置く必要はないと考えていたのです。それだけ沖縄の戦略的位置は大きいということです。

しかし、こうしたマッカーサーの構想にもかかわらず「平和条約」は、アメリカは日本全土のどこにでも基地を置くことができ、日本の軍隊を米軍の支配下に組み込むことを方向づけるものにもなりました。

そのため、「平和条約」ではまず、日本が「個別的又は集団的自衛の固有の権利を有すること及び日本国が集団的安全保障取極を自発的に締結することができる」（第5条c）と、日本が国連憲章51条に定める自衛権を有することを確認しています。そのうえで、「連合国のすべての占領軍は、この条約の効力発生の後なるべくすみやかに、且つ、いかなる場合もその後90日以内に、日本国から撤退しなければならない」としつつ、「但し、この規定は、1又は2以上の連合国を一方とし、日本国を他方として双方の間に締結された若しくは締結される2国間若しくは多数国間の協定に基く、又はその結果としての外国軍隊の日本国の領城における駐とん又は駐留を妨げるものではない」（第6条a）としています。つまり、日本は主権を回復したのだから、外国と自由に軍事同盟を結び、集団的自衛権を行使することも許されることになったと国際社会に向けてアピールしたわけです。「平和条約」締結は、そのための儀式でした。

■基地貸与条約としての52年安保条約

「平和条約」の調印式がすんだ51年9月8日夜、日米安保条約の調印式がおこなわれました。しかし、条約の内容は、事前に日本国民には知らされず、国会の審議もありませんでした。しかも調印式の日程が知らされたのは前日の夜であり、会場はサンフランシスコの第6兵団司令部でした。あまりにも日本を見下した態度に、代表団の中からは、せめて場所か日をずらしてという声も出ましたが、吉田首相はアメリカの申し入れを受け入れます。そのため、日本の全権代表団で調印式に参加したのは6人のうち4人にとどまり、条約に署名したのは吉田だけとなりました。

締結された日米安保条約（日本国とアメリカ合衆国との間の安全保障条約）の核心は、「アメリカ合衆国の陸軍、空軍及び海軍を日本国内及びその附近に配備する権利を、日本国は許与し、アメリカ合衆国は、これを受諾する」との規定にあります。この軍隊の駐留目的は、「極東における国際の平和と安全の維持に寄与」することにあって、日本側が期待した「外部からの武力攻撃に対する日本国の安全」を守ることに関しては、「使用することができる」とされただけで、「義務」とはなりませんでした（第1条）。くわえて、「日本国における大規模の内乱及び騒じょう」にも使える（同）と日本の内政に軍事介入できる規定さえ含む屈辱的内容でした。

しかも、「配備を規律する条件は、両政府間の行政協定で決定する」（第3条）とされ、国会審議の対象からはずされました。その結果、基地をめぐるさまざまな人権侵害が多発することになります。さらに前文には、日本が「自国の防衛のため漸増的に自らの責任を負うことに期待」すると、日本の軍備増強を求める文言まで書き込まれました。

条約締結の交渉に参加した西村熊雄は、「日本からすれば一読不快の念を禁じえない性格のもの」（西村『サンフランシスコ平和条約』）と、そのあまりにも従属的性格に反発を隠しません。「日本の交渉者は失望した。前文なりとも条約のどこかに日本に対する武力攻撃がある場合、両国が憲章の規定に従って日本防衛のために協力する関係に立つことに言及するよう努力した」が、「現在の日本は自衛の手段をもたない」ことを理由に、アメリカは譲らなかったというのです（第1章、砂川事件最高裁判決の項参照）。

ではなぜ、米軍が「極東における国際の平和と安全の維持に寄与」するために日本に駐留するのか、ということが問われなければなりません。当初の原案では駐留目的が明記されていなかったことから、「朝鮮戦争や朝鮮以外でおこった戦争に在日米軍を使える規定がない」との声が米国内でおこったため、「極東有事」が主な目的として規定されることになったのです。

国際法学者の高野雄一は、この規定は、「他に例を見ないもので国際法上、国連憲章上、容易に説明しがたい難物」(『教養国際法』)と言います。国際法からみれば、「在日アメリカ軍の行動は、それを可能とする日本の協力とともに、国際連合の決議による場合の外は、それぞれ自衛を基礎としての範囲でおこなわれるものでなくてはならない。それ以外の行動が在日アメリカ軍によっておこなわれるならば、それはアメリカはもとより、その行動を可能にしている日本も国連憲章に違反することになる」というのです(高野『集団安保と自衛権』)。わかりやすく言えば、「何々組何々組というのが警察を無視して町の治安はおれがみるんだという体制」であり、「国連の平和の思想、哲学にたいする挑戦にほかならない」、ということになります(高野『月刊社会党』71年11号)。

しかも、そうした基地を置く地域にあらかじめ限定があるわけではなく、米軍が必要とする場所に、必要とする広さの基地がおける全土基地方式とよばれる仕組みになっています。

アメリカは、日本の基地を使って、「極東における将来必要となるであろう軍事行動」、すなわち「中国本土(満州を含む)、台湾、ソ連、そして公海を含む極東での軍事作戦における米国(国連の後援のもとにない)による一方的行動」を可能にしたのです(豊下楢彦『集団的自衛権とは何か』)。

（2）日米同盟強化のなかで

１９５2年4月28日、「日本との平和条約」が発効し、日本はとにもかくにも憲法を最高法規とする主権国になりました。その結果、占領下の「ポツダム政令」は効力を失うことになりましたが、日本政府は憲法にもとづく国内法として再編し存続がはかられました。民主団体を弾圧するため占領下で施行された団体等規正令が破壊活動防止法に衣替えしたのはその典型です。そして、憲法9条の破壊に突破口を開いた警察予備隊は保安隊へと組織変えがおこなわれました。以後、軍事に関する法制は急速に憲法9条に逆行する方向に向け動きを加速します。

■ＭＳＡ（相互防衛援助）テコに計画的軍備増強

52年7月、警察予備隊令にかわって保安庁法が制定されました。保安庁法は保安隊の任務を「我が国の平和と秩序を維持し、人命及び財産を保護するため、特別の必要がある場合において行動する」（第4条）こととなりました。しかし「特別の必要がある場合」とは何かは明記されていません。

この法案の審議のなかで吉田首相が、「私は戦力を持ってはいけないと言っているのではない。憲法は自衛のための戦力を禁じているわけではない」と思わず本音をもらしてしまい、野党の抗議でこの発言を取り消します。しかし、これをきっかけに政府の「戦力」にかんする統一見解を示すことになり（52年11月22日）、「（憲法が禁止する）戦力とは近代戦争遂行に役立つ程度の装備、編成を備えるもの」であって、「保安隊等の装備編成は決して近代戦を有効に遂行し得る程度のものではないから憲法上の『戦力』に該当しない」と、むしろ居直り的解釈がうちだされました。これを皮肉って「戦力無き軍隊」という言葉が流行しました。

形の上ではあっても、主権を回復した日本に対するアメリカの要求は性急でした。たとえば52年7月の米国家安全保障会議では、トルーマン政権最後の対日基本政策となり、次のアイゼンハワー政権にも引き継がれた「一般的考察」が採択されました。そこでは、「太平洋地域における米国の安全保障上の利益」として、日本に関し以下のように言及しています。

「日本の安全保障は太平洋地域の米国の地位にとって極めて重要であり、米国は敵対勢力が日本のいかなる部分であれ、支配権を握るのを阻止するべく戦う」

「日本が速やかに自衛措置を発展させ、米国が日本の安全に対する責任を一手に引き受ける責任を軽減すること。その後、太平洋地域の他の自由諸国への日本の貢献を発展させるのを支援すること」

こうした前提にたって文書は、「米国は日本が通常兵器で武装することを奨励し、支援すべきである」とし、「10個師団30万人」という具体的な目標まで掲げて日本の軍備増強を迫っています。

その具体化をはかるため、アイゼンハワー政権のもとで国務長官になったダレスは53年5月5日、米両院外交委員会合同会議で、「来年度の相互防衛援助計画予算には、日本の国内の保安と国土防衛のための武器に要する費用を計上している」と証言しました、日本にＭＳＡ（相互防衛援助）を供与するという表明です。その根拠となる相互安全保障法では、その目的を「国際の平和と安全のために、友好国に援助を与えることにより、米国の安全を維持し、外交政策を促進し、かつ一般的福祉をもたらすこと」と規定しているように、あくまでのアメリカの利益のためです。そして、援助を受ける資格として、「協定、条約などに基づく軍事的義務を履行する」「自国や自由世界の防衛力の発展、維持のために許す限りの全面的寄与を行う」「自国の防衛力を発展させるために必要なすべての妥当な措置をとる」などの義務を受け入れることを定めています。

こうして53年10月、アメリカから戦闘機やミサイルの提供などの援助を受けいれることと引き換えに日本自身も軍備増強の義務を負うＭＳＡ協定の交渉が開始されました。この協定交渉のため渡米した池田勇人にたいし、アメリカからは、「日本側の憲法改正という事前の措置なくして…対日援助費が支出され渡されることはない」（ウッドＭＳＡ長官）などの強硬論が出され、ロバートソン国務次官補も「本格的な軍備は憲法を改正しなければできないと考えているのか」、「何年ぐらいすれば憲法を改正できるか」と強く迫っています。これにたいし日本側は、「教育および広報によって日本に愛国心と自衛のための自発的精神が成長するような心を助長する」などと必死に弁明し、ＭＳＡを受ける資格を満たすため努力することを約束します（宮沢、前掲書）。

こうしたもとで、もはや「近代戦を有効に遂行し得る程度のものではない」とされる保安隊のままでいるわけにはいきません。54年7月に保安隊は自衛隊に改組されます。ここにいたって従来の

9条解釈も変更せざるをえません。54年12月22日の衆院予算委員会で大村防衛庁長官はつぎのような政府統一見解を明らかにします。

「第一に、憲法は自衛権を否定していない。自衛権は国が独立国である以上、その国が当然保有する権利である。憲法はこれを否定していない。従って現行憲法のもとで、わが国が自衛権をもっていることは明白である。

二、憲法は戦争を放棄したが自衛のための抗争は放棄していない。①戦争と武力の威嚇、武力の行使が放棄されるのは、『国際紛争を解決する手段としては』ということである。②他国から武力攻撃のあった場合に、武力攻撃そのものを阻止することは、自己防衛そのものであって、国際紛争を解決することとは本質が違う。従って自国に武力攻撃が加えられた場合に、国を防衛することは、憲法に違反しない。〈以下略〉」

憲法制定過程でおこなわれた9条についての「芦田修正」を使い、それまでの「自衛のための戦力も違憲」の立場を公然と放棄したものです。とうてい国民の納得できる説明ではありませんでした。

■安保改定と9条改悪を一体で

日本におけるこうした動きを背景に、アメリカでは55年から日米安保条約改定にむけた検討がはじまっています。国家安全保障会議の3月29日付文書は述べています。

「適当な早い時期と相互に有利なタイミングを選んで、現行の日米安保条約を相互防衛条約に置き換える意思があることをしめす。相互防衛条約には、米軍の駐兵権と敵性国家の破壊・浸透作戦に対して日本の要請に基づいて日本を援助する権利を含む」。

アメリカの安保改定のねらいは、極東地域における軍事行動のために米軍が日本に駐留する権利を引き続き維持することに加え、日本との間に何らかの形で集団的自衛権行使の体制をつくり、極東有事には米軍の行動に自衛隊も参加させることにありました。それは自衛隊の海外派兵を必要とすることから、日本国憲法の改悪を前提とするものでした。56年3月に来日したダレス米国務長官も、「現憲法のもとで自衛隊の海外派兵は無理。憲法改正に支障がなければ安保改定に応じてもよい」と語っています。

もともと52年安保条約が米軍に基地を提供するだけの「片務条約」であることに不満をもっていた日本の支配層は、このアメリカの構想にとびつきます。こうしたアメリカや財界の強い働きかけもあって、戦後バラバラ状態だった保守党が55年11月「保守合同」を達成、その「党の政綱」に「現行憲法の自主的改正」を掲げる自由民主党が結成されました。

こうしたなか、57年2月、憲法9条の改悪に強い執念をもやしていた岸信介首相が登場し、アメリカの動きに積極的に呼応するため57年6月、MSA協定の約束にもとづき、第1次防衛力整備計画（略称、1次防）を決定、計画的な軍備増強を開始しました。社会保障の向上など、憲法が定める国民の権利を保障するための年次計画などもったことのない日本政府が、この後も第2次（62年7月）、第3次（67年3月）と防衛力増強の計画をたて、着実に実行していくことになります。

岸首相は57年6月19日、この第1次防の決定を手土産に訪米し、アイゼンハワー大統領との会談で安保改定にむけた委員会の設置などの合意をとりつけ、念願の安保条約の「双務化」にむけた交渉を開始します。そして岸首相はこの後、「我々は最大の日米協力を可能とする新しい安保条約を交渉する用意がある。しかし日本国憲法は現在海外派兵を禁止しているので改正されなければならない」と語っています。岸首相はそのため安保条約の改定と車の両輪をなすものとして、憲法の改悪をおこなうプログラムをもっていたのです。それは、憲法改正原案を作成する内閣憲法調査会を57年8月、野党委員が参加を拒否する状態のまま発足させることによって具体化がはじまります。この調査会は、56年に鳩山一郎内閣のもとで内閣の諮問機関としの設置が決まっていたものの、国民の強い批判と野党の反対で発足できないでいたものです。

■「60年安保改定」史上空前の国民的運動

岸首相の誤算は、50年代半ばから高まっていた基地拡張反対、生活と民主主義を守るたたかい、そして岸首相が安保条約の改定に対しておこるであろう反対運動を弾圧するために国会に提出した「警察官職務執行法」改悪反対のたたかいが前哨戦としてたたかわれ、60年の安保改定反対闘争へと大きく合流し、史上空前のものに発展したことです。連日、数万、数十万のデモが国会を取り巻きました。全国約二千の地域で安保改定に反対する共同闘争の組織がつくられ、日本のいたるところで安保条約と憲法第9条の学習会が開かれ、署名運動が展開されました。

59年からはじまった安保条約改定についての国会審議は、こうした国民のたたかいを反映し、政府の答弁がしばしば行き詰まり、訂正を繰り返すものとなりました。追い詰められた岸内閣は60年5月23日、衆議院の議場に警察官を導入して改定安保条約の批准を強行可決します。

それは国民の怒りを一気にたかめることになり、そのことを背景とした野党は審議拒否をおこないました。

その結果、衆議院が承認した条約の批准案は参議院で審議に入ることができず、「国会休会中を除いて30日以内に議決しないときは、衆議院の議決を国会の議決とする」（憲法第60～61条）との憲法の規定をただ一つのよりどころに、「自然成立」という前例を見ないやりかたで国会通過をはからざるをえませんでした。

暴挙を重ねた岸内閣は、国民の怒りによって退陣に追い込まれ、「日米新時代」を演出するために予定されていたアイゼンハワーの来日も中止となりました。同時に、岸内閣の憲法改悪の企ても本格化する前に挫折してしまいました。

■改定安保のもとで進行した軍事大国化

60年に改定された安保条約は、「日本国とアメリカ合衆国との間の相互協力及び安全保障条約」と、その名称に「相互協力」が追加されました。日本の基地を「極東における平和と安全の維持」のために米軍が使うことを引き続き認める（第6条）だけでなく、「日本の施政権下における、いずれか一方に対する武力攻撃」が発生した場合には、日米が共同してこれに対処するとの新たな規定が盛り込まれた（第5条）ことが、その「相互協力」の内容です。まだ憲法の改悪が実現しているわけではありません。したがって日本の領域外の「極東」で行動する米軍と共同してたたかうということまで盛り込むわけにはいかず、在日米軍基地が攻撃された時は、自衛隊が米軍基地を守るために共同してたたかうとすることによって「相互防衛」の形式をとったのです。

この在日米軍との共同行動について、「在日米軍に対する攻撃は、日本の領土、領海、領空を侵さずしてやれるものではない。それを排除するという意味においては、日本は個別的自衛権を発動するということです」（60年2月13日、林修三法制局長官）と、それが集団的自衛権の行使にあたらないことを強調しました。しかし、米軍は日本が保持する軍隊でないから憲法違反にならないという砂川事件最高裁判決の論理と同様、日本政府が米軍に基地を提供する条約を結んだことの責任をほおかぶりしたものです。さらに、国連安保理決議に基づかない米軍の「極東」における軍事行動のために基地を提供することは、前述のように米軍だけでなく、日本も国連憲章違反ということになります。

しかも、何の理由もなしに日本国内の米軍基地が攻撃されることは考えられません。むしろ、「極東」の範囲で行動する米軍が戦争をおこなった時に、相手の国が米軍の航空機や艦船を追撃して日本の領土に入ってくることや、日本の米軍基地に直接攻撃をおこなうことを考える方が現実的です。

60年代半ばからのアメリカのベトナム侵略戦争において、在日米軍基地がその補給・修理・休養などの最前線基地となったとき、当時の椎名悦三郎外相は、「日本が安保条約に基づきアメリカ軍に施設区域を提供していることは、一般論として、北ベトナムなどから敵視されて、攻撃される危険がありうる」（66年6月1日）と、政府もその可能性を否定しませんでした。その攻撃にたいし自衛隊が米軍といっしょになって戦うことになるのです。日本は、その意思にかかわりなくアメリカが起こした戦争に自動的にまきこまれることになります。

さらに改定された安保条約では、旧条約で前文に努力目標として掲げられた「自衛力漸増」が義務として条文に規定されました（第3条）。この条文のもとでは日本は軍縮をおこなうことができないということであり、実際にもその後いっかんした軍備増強の政策が展開されます。軍事面の協力だけではなく、経済協力（第2条）も盛り込まれました。やがて、農産物の輸入自由化や規制緩和などアメリカの要求をつぎつぎと受け入れることになり、日本経済に大きな困難をもたらす要因の一つとなっています。「双務化」によって「対等」な関係になったどころか、日本はいっそう深く、そして多面的にアメリカの支配下に組み込まれることとなったのです。

■首相も知らぬ間に参戦態勢

改定された安保条約のもとで、日米の共同作戦態勢は、日本政府の意思を乗り越えて強化されていきました。

１９６２年10月、キューバへの核攻撃用ミサイル兵器持ち込みをはかるソ連と、これを阻止するために海上封鎖をおこなったアメリカがカリブ海でにらみあい、国際的に緊張が大きく高まった、いわゆる「キューバ危機」のときのことです。

「〔米第5空軍司令部〕指揮下の米軍基地は一斉にディフェンス・コンディション〔防衛体制・5段階に分かれている〕をトップにあげた。つまり臨戦体制だ。5空は『自衛隊もトップに』と（自衛隊航空）総隊（司令部）に要求してきた。…総隊は『平時』の体制をかえ、約1時間厳戒配置についた。あとで報告を聞いた志賀〔防衛庁〕長官は怒ったといわれるが、あとのまつりだった」（「毎日」68年9月14日「素顔の自衛隊」）といったことが起っています。

63年には、防衛庁が「朝鮮有事」を想定し、在日米軍の指導のもと、「三矢作戦研究」（昭和38年度統合防衛図上研究）をおこないました（発覚したのは65年2月）。これは、安保条約第5条の適用なしに、アメリカが朝鮮半島でおこした戦争で、自衛隊が在日米軍の指揮の下に日米共同作戦をおこなうことを想定した計画です。国内では、開戦と同時に国会が召集され、物価、輸送、生活必需品等の統制や、徴兵と徴用、言論・集会等の統制など87件に及ぶ戦時立法を2週間で成立させるというクーデター的計画でした。後になってこの「研究」を知った佐藤首相（在任64～72年）は激怒したといわれますが、アメリカへの抗議はありませんでした。

■アメリカのベトナム戦侵略争への加担

そして66年6月、北爆（北ベトナムへの爆撃）開始によってアメリカによるベトナム侵略戦争が全面化するや、日本は米原子力潜水艦の「寄港」基地とされ、さらに補給・修理・休養の最前線基地として欠かせない役割を果たさせられました。まだアメリカの施政権下にあった沖縄からは、Ｂ52戦略爆撃機がしばしば直接ベトナムへの爆撃のために飛びたちました。

しかし、こうしたもとで日本国民はベトナム人民の独立闘争を支持するとともに、国内法を活用して港湾労働者が米軍用の積荷作業を拒否したり、日本で修理を終えた米軍戦車が港に向かう道路で抗議行動を展開し、３か月にわたりベトナム行きをストップさせるなどのたたかいを展開しました。

60年代後半には、安保廃棄、沖縄返還運動のもりあがりや革新自治体の急激な増加、国政分野では共産党の躍進がつづく一方で、自民党の得票率は60年代半ばには50％を割ります。

そうしたなか、「この条約が10年間効力を存続した後は、いずれの締約国も、他方の締約国に対しこの条約を終了させる意思を通告することができ（る）」（日米安保条約第10条）と定められた安保条約「固定期限」終了の70年を前にした69年11年、佐藤首相は訪米しニクソン米大統領との共同声明を発表しました。それは、安保条約の条文には手をつけない「自動延長」の形をとりつつ、沖縄の「核つき返還」や日米共同作戦の対象範囲拡大、自衛隊増強を約束するなど、日米の軍事協力をより危険な方向に変質させる内容のものでした。

■アメリカの敗北と日米ガイドライン

75年4月、長く続いたアメリカのベトナム侵略戦争は、大国アメリカの敗北に終りました。これは、全面的にアメリカを支援してきた日本政府にとっても大きな衝撃であり、日米同盟の再編・強化に向けた動きが強められます。8月、三木武夫首相は訪米してフォード大統領と会談、「ベトナム後」のアジア情勢のなかでの日米同盟の役割について話し合いました。その結果、76年7月には日本の役割拡大について論議する日米防衛協力小委員会が設置されました。この小委員会における論議が開始された直後から、アメリカではつぎのような発言がとびかうようになりました。

「1985年に、日本の自衛隊が憲法による制約を脱して海外派兵が可能になる状況がくるであろう。アメリカと日本の両軍が、共同の指揮機構をもって、共同作戦態勢をとって、北東アジア作戦にあたる」(77年6月、スチルウェル・元駐韓米軍事司令官)

これが作業中の小委員会の作業の内容を先取りした発言であることは、78年11月、小委員会の論議の結果をまとめた「日米防衛協力のための指針(ガイドライン)」で明らかになります。そこでは「日本国の施政の下にある領域」で「(日米)いずれか一方に対する武力攻撃」が発生した場合に限定されている日米共同作戦(安保条約第5条)を、米軍の極東有事(第6条)の際にも、事態が予測される段階から行うとされています。60年安保大闘争の再現を恐れ、安保条約の条文はそのままに、「ガイドライン」作成という形をとって、国会の同意も得ることなく、日米政府の合意だけで事実上、日米共同作戦の発動要件を拡大したのです。前掲のスチルウェル発言にみられるように、アメリカでは、この実行のために日本は憲法を改悪するととらえていました。

一方、78年には栗栖弘臣統幕議長（陸海空自衛官の最高位）が「有事には自衛隊の超法規的行動もありうる」と発言したことが国会でも大問題となりました。しかし、福田内閣はこれを逆手にとって、有事立法の検討作業を開始しました（81年に防衛庁所管の法令に関する有事法制の第1分類、84年に他省庁管轄の法令に関する有事法制の第2分類について「中間報告」）。

自民党がその単独多数支配の危機を乗り越えようと展開した「自由社会を守れ」の反共キャンペーンと、アメリカのベトナム侵略戦争敗北の衝撃が重なり合って、これを資本主義体制そのものの危機ととらえた結果、共産党以外の野党の中にも、顕著な変化がおこりました。

公明党は、64年11月の結党時には日本の中立化反対、安保条約は10～20年存続の方針を掲げていましたが、革新の風が強まった68年には完全中立と安保の「段階的解消」に方針を転換、さらに72年末の総選挙で敗北するや安保条約の「即時解消」を方針とするにいたります。ところが、アメリカのベトナム侵略戦争敗北後の75年の第13回大会においては、日米の外交交渉による合意にもとづく廃棄へと、事実上安保条約存続の立場に逆もどりし、以後78年大会では存続容認、81年大会では「西側一員」の立場にたつこと明確にしました。

民社党も60年結党当初の「駐留なき安保」論から「段階的解消」論へと、一時は安保に批判的に立場をとりますが、75年には「機能承認」論へと安保支持の立場を明らかにしました。

そして社会党もまた、党内で社公民連合推進をめざす勢力が力を強め、80年1月には社会・公明両党間で「連合政権に関する合意」（いわゆる社公合意）が成立しました。それは、「政策の大綱」では「日米安保体制の解消をめざし、当面それを可能とする国際環境づくりに努力する。将来、日米安保条約の廃棄にあたっては、日米友好関係をそこなわないよう留意し、日米両国の外交交渉にもとづいて（10条手続きは留保）行う」と、安保条約の廃棄を事実上棚上げするものでした。また組織方針では、「日本共産党は、この政権協議の対象としない」ことを確認したもので、これを機に社会党はそれまでの基地や自衛隊強化等に反対する革新勢力の共同からいっせいに手をひいていくことになりました。

80年代には、この「社公合意」によって国会に出現した「オール与党体制」のもとで、ガイドラインの具体化がすすめられ、憲法にたいする攻撃があらためて強められました。

（3）開始された自衛隊の海外派兵

1989年11月の「ベルリンの壁」崩壊から91年12月のソ連崩壊へと、東欧諸国は激動の波に襲われました。また、90年8月にクウェートを侵略したイラク軍にたいし、翌年1月、アメリカが多国籍軍をひきいて湾岸戦争を開始、世界はまたも武力と武力がぶつかりあう悲惨な戦争の惨禍を目のあたりにすることとなりました。

激動する世界の情勢は、ただちに日本にも波及してきました。その一つは、ソ連の崩壊をもって

「保守と革新の壁もなくなった」などと、保守と革新の分水嶺にもなっていた日本国憲法9条をめぐる立場の違いをもとりはらい、政党間の離合集散が日常的に繰り返されるようになったことです。もう一つは、新たに始まった「国際貢献」のキャンペーンのもと、自衛隊の海外派兵への動きが公然と開始されたことです。

■PKO活動を突破口に

1990年8月2日、イラク軍がクウェートに侵攻し、8日には同国を「併合」したと発表。国連安保理は米ソ冷戦で機能を失っていた時代と異なり敏速にイラク非難の決議を採択、91年1月15日までの期限をきってクウェートからの撤退を求めました。

しかしこれが実行されなかったことを理由にアメリカが1月17日、国際的な合意を待たずに多国籍軍を組織して軍事力行使に踏み切り、大規模な戦闘行動が展開されました。戦闘はイラクのフセイン大統領が2月26日、すべての国連決議を受け入れることを表明し、事実上の敗北宣言をしたことで終了しました。しかし、この戦争による死者は多国籍軍が480人（うち米軍が375人）、イラク軍が10万人から12万人、民間人が16万人から21万人にのぼりました。

イラクのクウェート侵攻直後の8月14日、日本の海部俊樹首相（当時自民党）のもとにブッシュ米大統領から電話が入りました。

「今回の事態は第2次大戦後の世界の分水嶺だ。日本もわれわれの共通の利益を守るということに完全に参加しているというシグナルを送ることが、いま世界にとっても重要だ」と、自衛隊の派兵を迫ったというのです（外岡秀俊他『日米同盟半世紀』）。

アメリカが求めたのは国連決議を口実に編成された多国籍軍への自衛隊の参加でした。海部内閣は自衛隊派兵の要求にとまどい、まず中東地域に展開した多国籍軍がおこなう輸送、物資、医療活動への「貢献策」として、20億ドルの資金援助をおこないました。しかし自衛隊派兵というアメリカの要求をかわすことができず、ついに多国籍軍の輸送、通信などの活動を自衛隊が支援するための「国連平和協力法案」を臨時国会に提出（10月16日）、自衛隊そのものの派兵も企てました。しかし、法案はたちまちもりあがった自衛隊海外派兵反対の国民の運動によって廃案に追い込まれました。

91年1月17日、多国籍軍がイラク軍への攻撃を開始し、悲惨な戦闘のもようが連日テレビでも報道されるなかで、海部内閣は95億ドルの追加支援とともに、中東における被災民移送のため、政令による自衛隊機の派遣を決定、自衛隊海外派兵に向けての一歩を踏み出そうとしました。しかし、自衛隊機の派遣については現地からの要請がなかったことからこの企ては不発に終ります。何とか海外派兵の実績を残したいとする海部内閣は、湾岸戦争終結後の4月26日、機雷除去のため、自衛隊掃海艇のペルシャ湾派遣を閣議決定によって強行しました。

さらに海部内閣は91年9月19日、あらためて「国連平和維持活動等に対する協力に関する法律案」（ＰＫＯ等協力法案）を国会に提出しました。法案は、廃案となった国連協力法案から多国籍軍への参加の部分を除くことで集団的自衛権行使との批判をかわし、さらにＰＫＯ参加５原則（①紛争地域にはいかない、②受け入れ国同意、③中立的立場堅持、④以上の前提が崩れたら撤退、⑤武器使用は自己防衛に限定）を提示し、武力行使をおこなわないので海外派兵にあたらないとの装いをこらすことによって、公明党、民社党の取り込みをはかるものでした。

法案は11月に発足した宮沢喜一内閣に引きつがれました。これを受けた国会では自民・公明・民社が統一した修正案を作成して推進する立場を明確にし、社会党、社民連が議員辞職願いを提出し欠席するという戦術をもてあそぶなか、92年６月15日、法案は自公民３党によって採決が強行され成立しました。

■安保「再定義」による日米同盟の再編・強化

「冷戦は終わった。ソ連はもはや存在しない。45年間にわたってわれわれの防衛の意思決定のもとになってきた脅威―われわれの戦略、戦術、ドクトリン、兵力規模と構成、武器設計、防衛予算を決めてきた脅威―は去った」、「われわれはこの新時代の性質を定義し、新しい戦略を作り、それに合わせ軍隊と軍事計画を再構築しなければならない」（93年９月、米国防総省「ボトム・アップ・レビュー報告書」）。ソ連の崩壊は、アメリカにおけるそれまでの軍拡と軍事同盟優先路線の根拠を改めて問うことになりました。

それは日米間の問題そのものでもありました。94年９月、クリントン政権の国防次官補に任命されたジョセフ・ナイは、ヨーロッパその他の地域での軍事同盟よりも日米安保の「再定義」を優先することを強調—安保条約の条文は変えずに、その内容を「再定義」することによって日米軍事同盟の再編・強化をはかろうとしました。そのためナイがまとめた「東アジア戦略報告（ナイ・リポート）」（95年2月）では、「（日米）二国間のパートナーシップを強化」し、これを「地域及びグローバルな安全保障戦略の基本的メカニズム」とする方向が打ち出されました。

96年4月17日、来日したクリントン米大統領と、自民党、社民党、新党さきがけを与党とする橋本龍太郎首相は会談後、「日米安保共同宣言—21世紀に向けての同盟」を発表しました。

そこでは、安保「再定義」の集大成として、「両首脳は、日本周辺地域において発生しうる事態で日本の平和と安全に重要な影響を与える場合における日米間の協力に関する研究をはじめ、日米間の政策調整を促進する」と、日米共同作戦の対象を「日本の施政の下にある地域」（安保条約第5条）から、「日本周辺地域」に拡大することを公然と宣言するとともに、この新たな日米協力の強化を具体化するために78年の「日米防衛協力指針（ガイドライン）」を見直すことが確認されました。

この橋本・クリントン日米共同声明にもとづく「ガイドライン」見直し作業は、97年9月に終了します。そこでは日米共同作戦の対象地域を、「日本周辺地域」に拡大することを確認しただけでなく、わざわざ「周辺事態は地理的概念ではなく、事態の性質に着目したもの」との政府説明が付され、拡大解釈の余地を広げました。さらに従来からの「後方支援」という用語を「後方地域支援」という新造語に置き換えました。それは、海外での武力行使はあくまでも違憲としつつ、「戦闘行動が行われている地域とは一線を画される日本の周囲」でおこなわれる補給、輸送、整備等の支援であり、「武力行使との一体化」をしないから集団的自衛権の行使にはあたらないし、海外派兵にもあたらないと、諸外国には通用しない詭弁を展開するためでした。

新ガイドラインを国内法として具体化するための「周辺事態法案」は、第２次橋本内閣によって98年４月に閣議決定されますが、野党の反対が強く審議入りしたのは99年３月でした。この間、自社・さきがけを与党とする橋本内閣から、自民党・自由党連立の小渕恵三内閣へ政権交代がおこなわれ、さらにこれを閣外から公明党がささえる事実上の自・自・公が衆参両院で多数をしめる与党体制を確立したうえで99年５月、「周辺」の意味を限定したうえで「周辺事態法」が成立させられました。

しかし野党の厳しい追及にあって小渕内閣は、「周辺地域」については地理的概念ではないとの見解を撤回、「日本の周辺地域に限定しており、中東やインド洋、地球の裏側は考えられない」と答弁せざるをえませんでした。

■ついに自衛隊を戦闘地域へ

２００１年９月11日、同時多発テロが発生するや、アメリカはこれへの報復と称してアフガニスタン、つづいてイラクへの無法な侵略戦争を開始、日本にも参戦するよう迫ってきました。

その結果、「周辺地域」、「武力行使との一体化はしない」との言い逃れはたちまち矛盾をさらけ出しました。アフガニスタンを日本の「周辺地域」というのは明らかに無理があるからです。そこで小泉純一郎内閣は、①テロ対処目的なら世界のどこの紛争であっても、②活動の期間を通じて戦闘がおこなわれることのないと認められる地域＝「非戦闘地域」なら外国の領域であっても派兵できると、従来の見解を大幅に拡大し、「テロ特措法」(02年)ではインド洋へ、「イラク特措法」(03年)ではついにイラク本土へ自衛隊を派兵しました。しかし、これは周辺事態法の行き詰まりを示すもので、個別の事態に対応するには、そのつど「特措法」を制定しなければならない限界をもつものでした。

こうして、97年の改定ガイドラインいらいの憲法9条と日米軍事同盟の矛盾は極限に達することとなり、憲法の公然たる改悪をめぐる動きが戦後最大規模で展開されることとなりました。

01年1月には国会に憲法調査会が設置され、戦後初めて国会の場で公然と改憲論議が展開されることとなりました(05年4月「報告書」提出)。また、05年10月には自民党が「新憲法草案」、同31日に民主党が「憲法提言」を発表し政党間の改憲案の競い合いもはじまりました。そして07年5月、自民・公明は、投票権を18歳以上などとする妥協はしたものの、改憲手続き法(国民投票法)を強行しました。改憲への体制づくりが着々とすすめられるにいたったのです。

■「九条の会」――憲法を守るという一点で手をつなぎ

こうした動きに対する国民の運動も新たな発展をとげます。

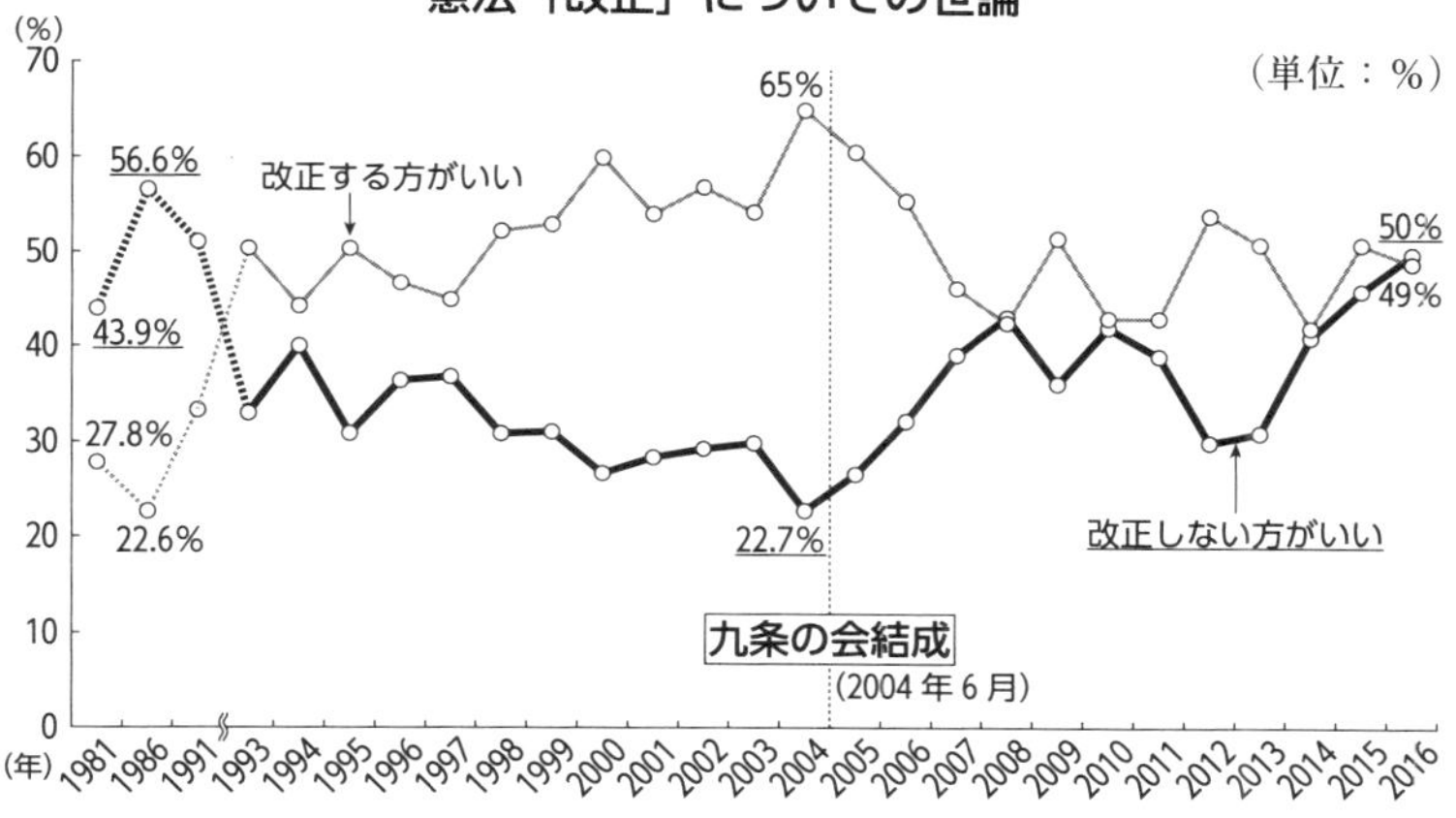

出所：「読売新聞」各年の世論調査より憲法会議作成（詳細は164ページ参照）

国会で憲法調査会の論議が始まった01年5月3日の憲法記念日からは、憲法会議と市民団体が実行委員会をつくって統一した集会を開くという新たな共同が実現しました。こうした共同は社公合意によって社会党や総評が小選挙区制反対や革新自治体をめざす共同から手をひくことになった１９８０年以前にもなかったものであり、日本の憲法改悪反対運動の新しいページをひらくものでした。この憲法集会は、毎年、共産党、社民党の党首が参加するという形で長年途絶えていた政党間の共同の復活をもたらしました。

04年6月には大江健三郎、井上ひさし、梅原猛、奥平康弘、小田実、加藤周一、澤地久枝、鶴見俊輔、三木睦子の9氏が「九条の会」のよびかけを発表しました。

よびかけは、「憲法制定から半世紀以上を経たいま、九条を中心に日本国憲法を『改正』しようとする動きが、かつてない規模と強さで台頭してきています。その意図は、日本を、アメリカに従って『戦争する国』に変えるところにあります」と指摘し、「憲法九条に基づき、アジアをはじめとする諸国民との友好と協力の関係を発展させ、世界の歴史の流れに、自主性を発揮して現実的にかかわってくことが求められています」と述べたうえで、「日本と世界の平和な未来のために、日本国憲法を守るという一点で手をつなぎ、『改憲』のくわだてを阻むため、一人ひとりができる、あらゆる努力を、いますぐ始めることを訴えます」というものです。

このよびかけが発表されるや、これを支持する地域・分野の「会」がまたたく間に全国に広がり、全国に7000余の「九条の会」が自発的につくられ、憲法9条の破壊に反対し、これを生かす運動を草の根で展開しています。その結果、1993年の細川護熙《もりひろ》内閣の成立によって社会党、公明党が公然と小選挙区制推進の立場に転換し、自衛隊や安保容認の姿勢を強いて以降、「9条を変えない方がよい」との世論はいっかんして減りつづけていましたが、「九条の会」発足の04年を境にこの世論は増加に転じ、「9条を変えた方がよい」との世論と並び、あるいは上まわるようになりました（164ページ参照）。

■安倍晋三の野望─戦争法制定に向けた条件づくり

2006年9月に発足した第1次安倍晋三内閣は教育基本法改悪や防衛庁の防衛省への昇格などを強行したことは前述のとおりですが、その強権政治が国民の強い反発をうけて1年そこそこで政権の座からひきずり下ろされました。にもかかわらず12年12月、政権に復帰した安倍首相は引き続きアメリカの要求を忠実に実行することに務め、集団的自衛権容認・戦争法制定に向けての条件づくりをすすめます。主なものをみてみます。

▽日米安保協議委員会（13年10月3日）　その出発点となったのが日米安保協議委員会（2＋2《ツープラスツー》）における日米ガイドライン改定合意です。１９７８年、97年のガイドライン作成にむけての経過が示すように、この時から日米の協議がはじまるのではなく、この協議委員会で合意されたことを具体化するのが新ガイドラインの目的です。この時の協議委員会の共同発表では、「はじめに」でも紹介したように日本が「集団的自衛権の行使に関する事項を含む自国の安全保障の法的基盤の再検討、防衛予算の増額、防衛計画大綱の見直し、自国の主権の下にある領域を防衛する能力の強化及び東南アジア諸国に対する能力構築を含む地域への貢献の拡大」に取り組むことが明記されています。

▽国家安全保障会議（日本版ＮＳＣ）設置法（11月27日）　これは首相が議長、官房長官、外務、防衛を加えた４大臣会議に権限を集中し、戦争の司令部となるものです。アメリカに同様な機関があって機能していることから、それに対応する日本の機構をつくり、日米の共同作戦を円滑におこなおうというものです。

▽特定秘密の保護に関する法律（12月6日）　日本と情報を共有することによって共同作戦を円滑におこなうためには、日本に提供したアメリカの情報の秘密が守られる必要があるとしてアメ

リカが早くから求めてきたものです。

安倍内閣が強行した特定秘密保護法は、「防衛秘密」ばかりか外交やテロ、スパイ等に関する重要な情報を秘密とするものです。しかし、国民にとっては何が秘密かさえ秘密の対象とされ、法律に反したとして逮捕される場合も、「令状等に内容すべてを明示しなくとも、たとえば『暗号に関する特定秘密』というように明らかにする」だけでよい（安倍首相　13年11月27日参院本会議）とされます。

マスコミの取材行為も「著しく不当な方法」でなければ処罰されない（21条）といいますが、何が「著しく不当な方法」なのかを判断するのは秘密を指定した行政機関です。一般国民に対しても教唆・煽動罪が設けられ、「情報を漏らせ、漏らせと言ったら犯罪」（中谷元・国家安全保障特別委与党筆頭理事「高知新聞」13年12月21日）とされます。

違反したら10年以下の懲役及び１０００万円以下の罰金という重い罰則が課せられます。この秘密に関係する公務員や業者に関しては、「適性評価」として本人ばかりか親族や友人にいたるまで病歴や飲酒癖、経済状況等に関する調査がおこなわれます。

「国政の最高機関」（憲法41条）である国会でさえ、法案の審議に必要な資料を要求しても行政府の裁量一つで提出を拒否されるか、かりに「秘密会」で秘密情報を知ることができたとしても、それを外部に漏らせば国会議員といえども処罰の対象になります。

▽「国家安全保障戦略」「新防衛計画の大綱」「中期防衛力整備計画」の閣議決定（12月17日）　国家

安全保障会議と閣議において、「外交政策及び防衛政策を中心とした国家安全保障に関する基本方針」（「防衛大臣談話」）としての「国家安全保障戦略」と、これを踏まえた「防衛計画の大綱」、「中期防衛力整備計画」を決定しました。ここでは、安倍首相がいう「国際協調主義にもとづく積極的平和主義」が「国家安全保障の基本理念」の中心にすえられ、その内容として、「日本の平和と安全」、「日米同盟の強化」とともに、「平和で安定し、繁栄する国際社会」の構築をあげています。具体的には自衛隊に海兵隊能力（水陸機動団〈仮称〉）、敵基地攻撃能力などが盛り込まれました。

こうした準備工作のうえに、第1章で見たようについに、集団的自衛権行使容認の閣議決定、そして戦争法の強行という暴挙をおこなったのです。

改憲についての国民世論

	年	1981	1986	1991	1993	1994	1995	1996	1997	1998	1999	2000	2001	2002
	掲載日	5/2	4/14	5/2	4/3	3/31	4/6	4/5	4/6	4/8	4/9	4/15	4/5	4/5
憲法	改正する方がいい	27.8	22.6	33.3	50.4	44.2	50.4	46.7	44.9	52.3	53.0	60.0	54.1	56.9
	改正しない方がいい	43.9	56.6	51.1	33.0	40.0	30.9	36.4	36.8	30.9	31.1	26.7	28.4	29.3
憲法9条	(ア)本格的な軍隊をもてるよう改正する	4.8	3.1	2.9	発表なし									
	(イ)自衛隊は憲法違反ではないが、自衛権を明記するために改正する	25.0	20.6	32.0										
	(ウ)自衛隊は合憲だから改正の必要はない	32.0	37.9	28.6										
	(エ)自衛隊は憲法違反なのでもっと規模を縮小する	32.0	15.5	14.7										
	(オ)自衛隊は憲法違反なので順次廃止の方向へ	7.6	5.6	7.4										
	調査人数(人)と	3000	〃	〃	〃	〃	〃	〃	〃	〃	〃	〃	〃	〃
	回答率(%)	71.0	71.0	70.0	68.0	70.0	65.0	68.0	65.0	63.7	65.1	64.5	64.9	64.5

	年	2003	2004	2005	2006	2007	2008	2009	2010	2011	2012	2013	2014	2015	2016
	掲載日	4/2	4/2	4/8	4/4	4/6	4/8	4/3	4/9	9/14	3/19	4/20	3/15	3/23	3/17
憲法	改正する方がいい	54.3	65.0	60.6	55.5	46.2	42.5	51.6	43.0	43.0	54.0	51.0	42.0	51.0	49.0
	改正しない方がいい	29.9	22.7	26.6	32.2	39.1	43.1	36.1	42.0	39.0	30.0	31.0	41.0	46.0	50.0
憲法9条	①解釈や運用で対応するのは限界なので、第9条を改正する	42.0	44.4	43.6	39.3	35.7	30.7	38.1	32.0	32.0	39.0	36.0	30.0	35.0	35.0
	②これまで通り、解釈や運用で対応する	30.3	26.8	27.6	32.6	35.8	36.2	33.3	44.0	45.0	39.0	40.0	43.0	40.0	38.0
	③第9条を厳密に守り、解釈や運用では対応しない。	17.9	19.9	18.1	20.9	20.0	23.9	20.7	16.0	13.0	13.0	14.0	13.0	20.0	23.0
	②+③(改憲否定)	48.2	46.7	45.7	52.9	55.8	60.1	54.0	60.0	58.0	52.0	54.0	56.0	60.0	61.0
	調査人数(人)と	3000	〃	〃	〃	〃	〃	〃	〃	〃	〃	〃	〃	〃	〃
	回答率(%)	61.5	60.8	59.8	60.4	58.0	59.5	58.5	58.0	56.0	55.0	49.0	50.0	64.0	63.0

出所：「読売新聞」各年の世論調査より憲法会議作成

憲法9条について

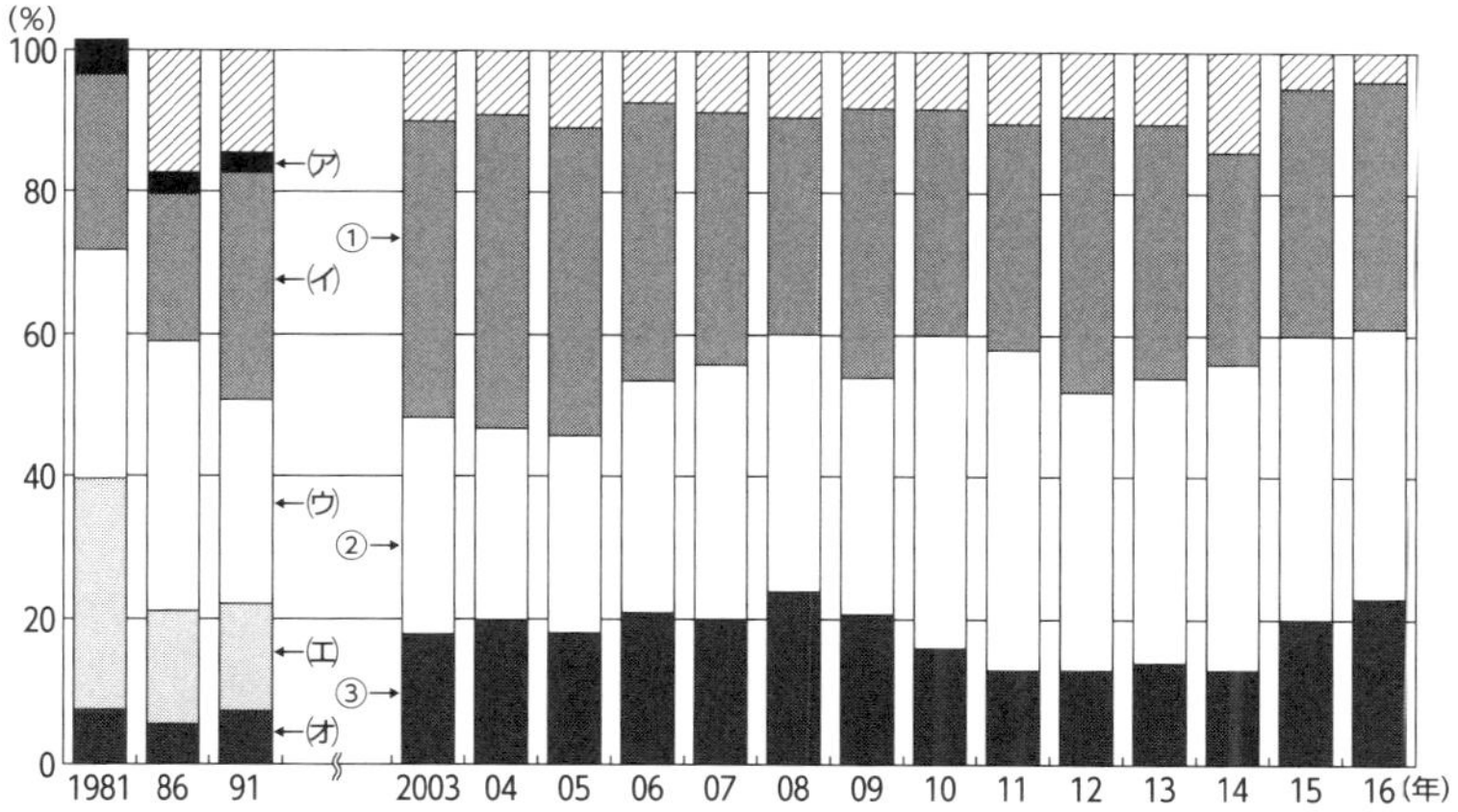

1981〜1991年

- (ア)　軍隊をもてるよう改正する
- (イ)　自衛権を明記するための改正
- (ウ)　自衛隊は合憲・改正不要
- (エ)　自衛隊は違憲・規模縮小する
- (オ)　自衛隊は違憲・順次廃止の方向へ
- 無回答・不明

2003〜2016年

- ①　解釈や運用で対応するのは限界なので、第9条を改正する
- ②　これまで通り、解釈や運用で対応する
- ③　第9条を厳密に守り、解釈や運用では対応しない
- 無回答・不明

注（合計が100%にならない場合有り）

出所：「読売新聞」各年の世論調査（前ページ）の数値をもとに作成

第5章 「戦争する国」を許さない新たなたたかいへ

戦争法の成立によって、憲法9条をめぐる激しいたたかいは新しい段階に入りました。

成立した戦争法にもとづき、安倍内閣は南スーダンPKOへの自衛隊派兵や、莫大な軍事費を投じての自衛隊のいっそうの増強、辺野古をはじめとする米軍基地の強化などをつぎつぎとすすめ、さらに明文改憲をめざす姿勢を明確にしています。しかし、戦争法を廃止し、憲法9条が輝く日本をめざす国民のたたかいも各地、各分野でますます広がり、戦争法の廃止、集団的自衛権閣議決定の撤回をめざす野党5党の共同も大きな前進をみせています。

日本を「戦争する国」にさせないたたかいは、日本の歴史の発展にもかかわる重大なものとなっています。

(1) 戦争法を基盤に明文改憲へ―自民党がめざす道

改憲右翼団体「日本会議」の田久保忠衛会長（杏林大学名誉教授）は安倍首相を「天が下したもうたリーダー」とまで持ち上げ、「安倍総理のうちになんとしても憲法改正を」と勢いづいています（機関紙『日本の息吹』15年7月号）。そのため改憲勢力はいま、「美しい日本の憲法をつくる会」（桜井よし子共同代表ら）を結成、明文改憲を求める「1000万人賛同者」署名運動に取り組んでいます。

こうした右翼勢力の激励にこたえ、安倍首相も、郷里の山口県長門市で先祖の墓前参りの後、「憲法改正に向け頑張っていく。これが私の歴史的使命」（13年8月12日）などと語っています。生涯憲法の改悪に執念を燃やし続けつつも果たせなかった祖父・岸信介の遺志を継ぐことを使命と考えているようです。

安倍首相のこうした考えは、彼の政治的体質によるばかりでなく、戦争法を強行成立させたことによって弱まるどころか、かえって強まっているようです。

安倍首相は、戦争法強行後、憲法の明文改憲を16年の参院選の争点にする姿勢を強く打ち出し、「与党だけで3分の2は大変難しい。自民党、公明党以外にも、おおさか維新の会など、改憲に前向きの政党もある。そういう未来に向かって責任の強い人たちと3分の2を構成していきたい」（16年1月10日、NHK「日曜討論」）とその実現に向けての手の内を語り、その後の施政方針演説等でも

「国のかたちを決める憲法改正。逃げることなく答えを出していく」（1月22日）との発言を繰り返しています。

戦争法を成立させたことで自衛隊の海外での武力行使に対する制約を取り払ったのです。ふつうの見方をすれば、明文改憲は急ぐ必要がないように思われます。しかし、安倍首相が「憲法学者の7割が自衛隊の存在自体が憲法（9条2項）違反であると解釈している以上、当然、集団的自衛権も憲法違反になっていく」（2月3日、衆院予算委）と語っているように、戦争法は成立しても憲法9条があるかぎり、「戦争法は憲法違反」とする批判はなくなりません。それどころか、集団的自衛権の行使は「限定的容認」との答弁を繰り返してきたことから、みずから設けたその「限界」を守っているかどうかという追及はますます激しくならざるをえません。

戦争法の強行によって憲法9条は力を失ったどころか、あらためてその存在を浮き彫りにし、安倍首相にとってはそのことを強く意識せざるをえなくなったといえます。

■自衛隊は「国防軍」に、そして軍法会議

改憲発言を繰り返す安倍首相の念頭には、自民党が野党時代の2012年4月に発表した「日本国憲法改正草案」（以下「自民党改憲案」）があります。安倍首相はこの改憲案を、「第九条二項を改正して、自衛権を明記し、また新たに自衛のための組織の設置を規定するなど、憲法のあるべき姿を示している」（2月3日、衆院予算委）とほめあげ、とりわけ9条2項の改憲が課題になるとの発言を

しています。

なぜ9条2項なのか。自民党改憲案の9条部分をみてみることにします。

まず第二章のタイトルそのものが、「戦争放棄」から「安全保障」へと改められます。章名からして平和について定める章が、戦争の根拠規定を定める章へと１８０度転換させられます。

第九条の第1項は「国権の発動としての戦争を放棄し、武力による威嚇及び武力の行使は、国際紛争を解決する手段としては用いない」（傍点部分が改憲）とほぼそのままです。しかし、自民党が改憲案宣伝のために作成した「日本国憲法改正草案Ｑ＆Ａ」（以下「Ｑ＆Ａ」）によると、この第1項によって禁止されるのは「『戦争』及び侵略目的による武力行使のみであり、自衛権の行使や国際機関による制裁措置は、禁止されていない」といいます。つまり、第1項は不戦条約と同じ「自衛権」観に立つものであり、日本はこの条約に加盟しつつ、「満州事変」に始まって中国全面戦争、そしてアジア太平洋戦争に参加していった〝実績〟もあり、第1項があっても日本が「戦争する国」にすすむ障碍《しょうがい》にならないとの判断です。

第2項は、そうはいきません。そこで現在の戦力不保持、交戦権否認の規定を全文削除し、「前項の規定は、自衛権の発動を妨げるものではない」に置き換えます。

「Ｑ＆Ａ」は、「この『自衛権』には、国連憲章が認めている個別的自衛権や集団的自衛権が含まれている」としています。しかしその国連憲章51条は、自衛権行使は「武力攻撃が発生」した時から、「安全保障理事会が国際の平和及び安全の維持に必用な措置をとるまでの間」という限定をつけています。自民党改憲案には、そうした自衛権行使についての要件はいっさい設けられていないどころか、意図的に「自衛権の行使には、何らの制約もないように規定」したというのです（「Q&A」）。それは武力攻撃をうける前におこなう先制的武力行使であっても「自衛権」と主張すれば許されるというわけです。国連憲章を援用しながら、その精神に反する内容を平然ともりこもうというのです。

自民党改憲案はそのうえで、「第九条の二（国防軍）」という条項をつくり、そのなかで、①「我が国の平和と独立並びに国及び国民の安全を確保するため国防軍を保持する」（第九条の二の第1項）とします。そして国防軍はさらに、②「国際社会の平和と安全を確保するために国際的に協調して行われる活動」、③「公の秩序を維持し、又は国民の生命若しくは自由を守るための活動」も行うことができる、としています（第九条の二―3）。

なぜ、国民のなかに浸透している「自衛隊」という呼称をやめて、あえて「国防軍」という刺激的な名称にする必要があるのでしょうか。「Q&A」では、「独立国家が、その独立と平和を保ち、国民の安全を確保するため軍隊を保有することは、現代の世界では常識です」としか書かれていません。

しかし、これまでの自衛隊は「必用最小限度の実力組織」であって「軍隊ではない」とされたことから、「そういった自衛隊の存在理由から派生する当然の問題」があると説明されてきました。その「問題」とは、①武力行使の目的をもって海外派兵すること、②集団的自衛権の行使、③武力行使を伴う国連軍への参加、は「許されない」ということです（工藤敦夫内閣法制局長官、１９９０年10月）。名称のうえでも「国防軍」と改め、軍隊であることを明確にすることによって自衛隊の活動に対するこうしたイメージを完全に拭い去り、「軍隊である以上、法律の規定に基づいて、武力を行使することは可能」（「Q＆A」）という見方を国民の中に広げることにそのねらいがあります。

そして軍隊であるということになれば、「国防軍に審判所を置く」（九条の二―5）と、現在の憲法では禁止されている特別裁判所＝軍法会議の設置は当然のことになります。つまり、「軍人等が職務の遂行上犯罪を犯したり、軍の秘密を漏洩したときの処罰について、通常の裁判所ではなく、国防軍に置かれる軍事裁判所で裁かれる」ようにするものであり、「裁判官や検察、弁護側も主に軍人の中から選ばれる」としています（「Q＆A」）。「国防軍」だからこそ、一般の犯罪とは違う密室の特別裁判所で裁判をおこなうことも許されるというものであり、被告の人権が保障される保障はまったくありません

さらに「公の秩序を維持し、又は国民の生命若しくは自由を守るための活動」としては、「治安維持や邦人救出、住民保護、災害派遣などの活動」が例示されています（「Q＆A」）。つまり「国防軍」による治安出動を公然と憲法で規定し、政府が「公の秩序」に反するとみなした国民のデモや集会を軍事的に制圧しようとするものです。この点では、60年安保闘争のなかで、当時の岸首相が国会に押し寄せる安保反対のデモを弾圧するため自衛隊の出動を要請したことが想起されます。当時は自衛隊にたいする国民の反感がいま以上に強く、結果的には、当時の赤城宗徳防衛庁長官が同

意しなかったためにこの時は不発に終わりました。そのような治安出動を憲法上も明記しようというのです。

「Q&A」では「国民の生命や自由を守る活動」に「邦人救出」まで含めています。海外に展開する多国籍企業がテロや労働条件をめぐる対立などのトラブルに巻き込まれたとき、「国防軍」が救出に向かうということです。相手国の主権の侵害、あるいはその国の国民の人権の侵害につながりかねない重大な意味をもつ規定といわねばなりません。

安倍首相は、改憲反対を言うことにたいし、「思考停止になってはならない」との発言を繰り返しています。しかし、安倍首相の「思考」は未来に向かっておこなわれているのではなく、過去に向かって歴史を逆行させようとしているのではないでしょうか。

■侵略戦争への反省を全面削除—前文

それは、自民党改憲案が、全面的に書き改めた憲法前文にはっきりあらわれています。

まず、「政府の行為によつて再び戦争の惨禍が起ることのないやうにすることを決意し、ここに主権が国民に存することを宣言し、この憲法を確定する」と日本国憲法の最も基本的な原理を示している冒頭部分を根本から転換します。

自民党改憲案は、この部分に、「日本国は、長い歴史と固有の文化を持ち、国民統合の象徴である天皇を戴《いただ》く国家」と、まったく国民主権とは相容れない天皇制美化の時代錯誤の規定を置くとしています。こうした規定が憲法全体の基本的考え方を示す前文に盛り込まれるなら、それは言論界や教育の場などにもその立場に立つことの押しつけが強められることは確実です。

そして、先の戦争がほかならぬ「政府の行為」としておこなわれ多大の被害をもたらしたことへの反省にかわって、「我が国は、先の大戦による荒廃や幾多の大災害を乗り越えて発展し、いまや国際社会において重要な地位を占めており」と、先の侵略戦争と自然災害を同列視し、大国主義をあおる記述をおこないます。先の侵略戦争への反省は完全に拭い去られます。

それどころか自民党改憲案は、「平和を愛する諸国民の公正と信義に信頼して、吾らの安全と生存を保持しようと決意した」という部分を特に問題視し、「ユートピア的発想による自衛権の放棄」(「Q&A」)と非難しています。これは、20世紀に入ってからの戦争が、規模も残虐さも想像を絶するものとなって人類の絶滅にもつながりかねないものになったことから、何とか人類の未来を救おうとしておこなわれている戦争違法化に向けての国際的努力をあざ笑い、「無差別戦争観」の時代に歴史を逆行させるものです。

また、日本国憲法が「われらは、全世界の国民が、等しく恐怖と欠乏からまぬかれ平和のうちに生存する権利を有することを確認する」と、すべての人権の基礎となる前提条件として平和への国際的な取り組みを呼びかけた部分は、そのまま第9条の規定へとむすびつくものです。自民党改憲案はこうした記述に何の関心も示しません。とくに戦争法によって自衛隊が海外で武力行使をするということが現実の問題となりつつあるなかでは、他国民の「平和のうちに生存する権利」を保障するということは、日本が「加害者にならない」ことでもありますが、そうした問題意識もありません。

そればかりか、「日本国民は、国と郷土を誇りをもって守り」と狭隘な愛国心を求め、「家族や社会全体が互いに助けあって国家を形成する」と国家や社会には頼らない自立・自助を説きます。また「我々は、自由と規律を重んじ」ると「自由」と一体に「規律」を強調し、人権に対する制限の姿勢を示しています。

ここには、戦争違法化をめざす国際社会の流れや、憲法は人権を保障するため権力を行使する者の権力行使の在り方を拘束するものであるという近代憲法いらいの立憲主義への理解は、カケラもみられません。

それどころか、「立憲主義は、憲法に国民の義務規定を設けることを否定するものではありません」（「Q&A」）と言います。そのため自民党改憲案は、たとえば「国民の責務」として、「自由及び権利には責任及び義務が伴うことを自覚し、常に公益及び公の秩序に反してはならない」（第十二条）と、権利主体であるはずの国民の権利にたいして常に義務をあわせて課す姿勢を基本とし、権利保障の規定にはすべて留保がもうけられています。「国家」は国民の上にあって国民を監視しているのです。これは、「朕ガ現在及将来ノ臣民ハ此ノ憲法ニ対シ永遠ニ従順ノ義務ヲ負フヘシ」（憲法発布勅語）とした明治憲法と同じ外見的立憲主義の立場にほかなりません。

■緊急事態条項を突破口に

安倍首相の最大の関心事が9条2項の明文改憲にあることは前述しました。しかし、そこにたどりつくには、これへの反対が6割を超える（15年5月2日「朝日」）という世論の厚い壁があります。そこで、安倍首相が２０１４年に明文改憲を言い出したときには、改憲発議要件を、衆参の３分の２以上から過半数に緩和する96条改憲を先行させるという手口を提案しました。しかしこの企てはたちまち高まった反対世論の前に挫折しました。

そこで今回は、「大規模災害が発生したような緊急時において、国民の安全を守るため、国家そして国民自らがどのような役割を果たしていくか」（15年11月、参議院予算委）と、憲法に緊急事態条項を新設することに、まず焦点をあてています。

憲法に緊急事態の規定を設けることについては、２０１１年３月の東日本大震災と原発事故に乗じて改憲勢力が口にするようになり、12年の自民党改憲案にも盛り込まれました。しかし、東日本大震災とそれにつづく原発事故で「緊急事態」を宣言しなければならなかったような事例は示されていません。

大地震による災害については普段からの行政の対応の遅れが、原発災害については安全神話をふりまいて原発をつぎつぎに設置してきた政府の無責任こそが、問われなければなりません。

しかしいま、緊急事態規定の導入を先行させようとするのは、大規模災害への備えとか、多数の賛成が得やすく9条改憲の入り口にするのに便利というよりは、戦争法制定が、緊急事態条項の必要性を切実なものとして政府に迫っているからです。それは、自民党改憲案が、「外部からの武力攻撃、内乱等の社会秩序の混乱」を緊急事態の前面に立てている（第98条1項）ことからも明らかなように、「戦時」を意識した対応を考えているからにほかなりません。

たとえば、戦争法成立後、前述のように安倍首相が米オバマ大統領との会談で、南シナ海を巡回している米軍を支援するため自衛隊派兵も視野にいれた発言をしたり、中谷防衛相が尖閣列島の領海に中国軍艦が侵入した場合に、自衛隊が対応することはあると語っています。さらには、北朝鮮が長距離弾道ミサイル発射の準備をしていると報じられるや中谷防衛相は、自衛隊に迎撃体制をとらせる「破壊措置命令」を発令しています（16年1月28日）。

このように戦争法のもとでは、ちょっとしたきっかけで他の国と軍事衝突し、日本が「参戦国」になって武力攻撃の対象とされる危険が現実のものとなりつつあります。また、そうしたなかで、戦争反対の集会やデモなど「社会秩序の混乱」が起こる可能性も否定できません。そうした事態に備えなければならないというわけです。

■ほしいままに自由や人権を抑圧

緊急事態の宣言を発するとどうなるでしょうか。

自民党改憲案は緊急事態には、「内閣は法律と同一の効果を有する政令を制定することができるほか、内閣総理大臣は財政上必要な支出その他の処分を行い、地方自治体の長に対して必要な指示をすることができる」としています（第九十九条1項）。その場合国民は、「国民の生命、身体及び財産を守るために行われる措置に関して発せられる国その他公の機関の指示に従わなければならない」（九十九条3項）とされます。

つまり、内閣総理大臣は、国会を無視し、地方自治体の長の権限をも使って、国民の人権を停止することや物資を動員すること等ができるということです。

当然こうしたことへの批判があることを予想し、自民党改憲案では、憲法の19条（思想・信条の自由）や21条（集会・結社・表現の自由）などの「基本的人権に関する規定は、最大限保障されなければならない」（九十九条3項）と規定しています。

しかし、こうした言い訳は、何の意味ももちません。自民党改憲案そのものが、たとえば結社の自由について、「公益及び公の秩序を害することを目的とした活動を行い、並びにそれを目的として結社することは、認められない」としているのです。緊急時ではない平時であっても政府が「公益及び公の秩序」に反すると判断すれば、国民の権利はいつでも停止することは問題ないと考えているのです。戦争法に反対して「ママの会」やＳＥＡＬＤｓ《シールズ》などの組織をつくったり、集会やパレードなどの活動をすることは、いつでも「公益及び公の秩序」に反するものとして弾圧することも可能ということになります。

基本的人権とは何かということについて、まったく理解していないことは、「Ｑ＆Ａ」でも、緊急事態には、「必用な範囲でより小さな人権が止む無く制限されることもあり得る」と公言してはばからないことを見てもわかります。もちろん、その場合、「より小さい人権」かどうかを判断するのは政府ですが、その人権が大きいか小さいかを判断する明確な基準などあるわけではありません。

■戦前の「戒厳令」の教訓

１９４６年の憲法制定議会で、金森徳次郎・憲法担当大臣は、日本国憲法に非常事態の規定を設けない理由について、戦前の緊急事態法令の経験をもとに、次のように述べています。

「緊急勅令および財政上の緊急処分は、行政当局者にとりましては実に調法《ちょうほう》なものであります。しかしながら調法という裏面におきましては、国民の意思をある期間有力に無視し得る制度であるといえるのであります。だから便利を尊ぶか、あるいは民主政治の根本の原則を尊重するか、こういう分かれ目になるのであります」

想起されるのは、戦前の戒厳令です。戦争、内乱等の非常時には行政権、司法権の一部を軍司令官に移行し、集会、新聞、雑誌などについて「時勢ニ妨害アリト認ムル者ヲ停止」することや、「合囲地域内ニ於ハ昼夜ノ別ナク人民ノ家屋建造物船舶中ニ立入リ検索スル」ことが許されました。

たとえば関東大震災（１９２３年）の際には、政府・軍部は社会不安を口実に戒厳令をしき、徹底して報道統制をおこなう一方で、多数の進歩的労働者を拘束するとともに、川合《かわい》義虎《よしとら》等の社会主義者や大杉栄夫妻ら無政府主義者を虐殺しました。さらには、社会不安をあおって民衆を暴徒化させ、朝鮮人、中国人の虐殺に走らせる事態までおこしています。むしろ、政府の都合のいい方向に国民を動員するために自然災害を逆用したといっていいでしょう。

自民党改憲案を見ただけでも、行政権や司法権を軍司令官に移行することまでは規定してはいませんが、言論・表現活動や集会・結社の自由など、政府を監視・批判する国民の権利が制限・抑圧される危険に歯止めはかけられないことは明らかです。

■国会は機能停止状態に

この非常事態の宣言は、内閣総理大臣が閣議にかけておこなうことができ、国会の承認は５日以内に得ればよく、１００日ごとに国会の承認を得れば、いつまでも続けてよいことになっています。しかし、15年秋には、安倍内閣は野党が憲法第53条の規定にもとづいて要求した臨時国会の開催を、首相の外交日程を理由に拒否しました。このような平時でも憲法の明文の規定を平然と無視する勢力が、「緊急事態」下で、こうした規定を守る保障があるでしょうか。いったん緊急事態が宣言されるや、すべての権限は首相の手に集中されるのです。えんえんと非常事態をつづけ、国民の自由や権利を抑圧し続けることも可能といえます。

この点では、第2章で紹介したナチスの「授権法」の教訓を想起する必要があります。この法律は、前述のように議会の機能もワイマール憲法も停止同然においこむものでした。こうしてナチスの一党支配体制が確立され、戒厳令常態のままヒトラーの世界制服の野望にもとづく侵略戦争に突入し、それがドイツの敗戦までつづいたのです。

近い例ではフランスで15年11月のテロ事件発生後、「1955年4月3日の非常事態に関する法律」にもとづき「非常事態宣言」が発せられました。集会が禁止され、令状のないままの強制捜索や人の拘束が行われ、誤認逮捕があいついでいます。非常事態の期限も、その期限が切れると法律を変えて延長するというやり方で2回延長され、その後もヨーロッパのサッカー大会があることで延長することが危惧されています。それどころか、オランド大統領がこの機に乗じ、①非常事態の憲法化、②テロ関与者の国籍はく奪—など政府の治安権限を大幅に強化する憲法改悪を企てるという事態までおこりましたが、これは上下両院と国民の反対で阻止されました。

緊急事態宣言はまさに「民主政治の根本原則との分かれ目」なのです。

(2) 国民の力総結集し、戦争法廃止へ

日本平和委員会理事の川田忠明さんが興味深い調査結果を紹介しています(日本平和委員会発行『平和運動』15年12月号「戦争法廃止の展望と課題」)。

「約60ヵ国で取り組まれている『世界価値観調査』というものがあります。約5年ごとに行われ、今年も発表されました。いろいろな項目がありますが、『戦争が起きたら国のために戦いますか?』という質問に『はい』と答えた国民は、中国では74・2%、韓国では63・0%、アメリカは57・7%です。ところが日本は15・2%しかいません。85%近くは、いやだというか、黙って逃げてしま

うか、どうしようか迷ってしまう。こんな国はどこにもありません」

戦争体験の悲惨さということでいえば、先の大戦でナチスの圧制やアウシュヴィッツのユダヤ人大虐殺を体験し、憲法で良心的兵役拒否を定めているドイツさえも、「はい」は日本の倍以上の35％だといいます。

理由はいろいろあるでしょうが、これだけはっきりと他国との違いがあるのは、一つは、悲惨な戦争体験、被爆体験の実相が戦後70年以上にわたり、途切れることなく語り継がれていることです。家庭内で親から子へ、子から孫へと語り継がれているだけではありません。修学旅行の行き先に広島、長崎、沖縄を選ぶ学校は少なくありません。それにくわえて毎年8月には広島、長崎で原水爆禁止世界大会が、同じ時期に日本母親大会が開かれるなど、地域に根ざした平和運動の取り組みがねばり強く行なわれていることが大きな要因となっているといっていいでしょう。

そして、もう一つは憲法9条の存在です。改憲派がその改悪を最大の標的にしつづけてきたにもかかわらず、国民はこの企てを70年にわたってはね返し続けてきました。そして直接その条文を知っているかどうかにかかわらず、自衛隊の存在とその行動の拡大をめぐって、また米軍の基地拡張や訓練、米軍人による犯罪などをめぐって、あるいは膨張しつづける軍事費等々をめぐって、ことあるごとに9条は話題にのぼりつづけてきました。そうしたなかで、「日本は戦争をしてはいけない」との意識が国民の中に広く存在するのではないでしょうか。

こうした国民意識の状況をみれば、これらの世論を戦争法廃止にむけて広げる余地はまだまだ残っているといえます。そして、そうしなければ、この反対世論を安倍内閣の支持率低下、退陣までつなげることができない、ということです。

しかも、安倍内閣は戦争法の内容をつぎつぎ具体化しようと、明文改憲まで視野にいれて動きだしており、一日一日がそうした動きとの対決です。

■2000万人統一署名で国民的論議を

いま戦争法廃止に向けて、国民世論を広げるための努力が全国各地で繰り広げられています。その中では、戦争の悲惨さ、憲法9条の素晴らしさと戦争違法化に向けた世界の流れについて学び、1人でも多くの人びと対話し、理解を共有していくことがカギとなります。

そのための有力な手段となりうるのが、「戦争させない・9条壊すな！総かがり行動実行委員会」がよびかけている2000万人統一署名です。「戦争法廃止」を正面から掲げている諸団体が統一した署名運動に取り組むだけではありません。この統一署名の「共同よびかけ」には、秘密保護法廃止や脱原発、貧困、安倍教育改革反対などそれぞれの要求を掲げている29の団体が名をつらねています。

「戦争する国」は、9条を変えるだけでできるわけではありません。前にもみたように、安倍首相の基本政策である「戦後レジームからの脱出」は、「憲法を頂点とした行政システム、教育、経済、雇用、国と地方の関係、外交・安全保障などの基本的枠組み」を根本から転換することをめざし、そのためには「憲法改正が不可欠」としています。過去の戦争の経験も示すように国民生活全体を日本国憲法が示す方向とは根本から異なるものに転換することなしに「戦争する国」はできないのです。その結果、安倍内閣の「戦後レジームからの脱出」路線と矛盾を深めているのは9条を支持する人たちだけではありません。国民がかかえているさまざまな要求は、もともと平和でなければ実現しません。そのことを踏まえれば、2000万人統一署名運動の対象は無限に広がります。

■世界史を動かし、日本を変えた署名運動

署名運動が威力を発揮することを示したのは1950年3月のストックホルム・アピールの署名運動です。朝鮮半島をめぐる東西の対立が険しさを増すなか、世界平和擁護大会常任委員会（世界平和評議会の前身）が、「わたしたちは人類にたいする威嚇と大量殺戮《さつりく》の武器である原子力兵器の絶対禁止をよびかけます」と訴えたことにたいし、このアピールに賛同する署名は、50年11月までに全世界で5億に達し、朝鮮戦争においてアメリカが企図していた核兵器の使用をおしとどめることに成功しました。日本でもこのとき640万の署名が集まりました。

この運動が土台になって54年～55年には日本で原水爆禁止の署名が取り組まれました。

54年3月1日、アメリカがおこなったビキニ環礁における水爆実験でマグロ漁船第五福竜丸が被爆し、無線長であった久保山愛吉さんが死亡したことは国民に大きな衝撃を与えました。各地で自然発生的に原水爆禁止を求める署名運動が始まります。なかでも東京杉並区では5月に原水爆禁止

署名運動杉並協議会が結成され、「原水爆禁止のために全国民が署名しましょう」というアピールを発し、系統的な取り組みをおこなったことが全国の運動を励ましました。こうして8月には、原水爆禁止署名運動全国協議会が結成され、署名数は急速に上昇し、10月上旬に1000万人を超え、12月には2000万人に到達します。

この運動の発展を踏まえて、翌55年8月6日、第1回原水爆禁止世界大会が広島で開かれましたが、その直前には、署名が3000万人を超えました。その結果、55年前後を画期に国民の憲法意識、平和意識が大きく変化し、再軍備反対、「憲法改正反対」が各種の世論調査で多数を占めるようになります。その結果、鳩山内閣が改憲発議に必要な3分の2議席獲得をめざしてのぞんだ56年7月の参院選では、自民党議席を3分の2以下におしとどめ、戦後最初の大規模な憲法改悪の企てを阻止することに成功しました。

今回、総がかり実行委員会がよびかけた2000万人統一署名も、安倍内閣を退陣においこみ戦争法を廃止する力を発揮するものとなることが期待されています。そのため、それぞれの団体構成員やその周辺の人たちが署名するだけでは達成できません。各地では繁華街や高校・大学の門前などでの街頭署名運動が展開されています。地域内の駅頭でいっせいに宣伝行動し、どの駅で降りても署名が呼びかけられているという例もあります。

とくに全国7000余の地域に広がっている九条の会は、地域や団地の全戸訪問などで取り組みを急速に広げています。札幌市手稲区でマンションの戸別訪問をおこなって署名に取り組んだ九条の会等でつくる実行委員会には、対話のなかで、「何をすればいいの。署名ならできます」、「職場の組合でやっている。頑張って」、「署名はできないが、選挙では野党に入れる」などの反応が寄せられ、約1時間で１２０軒を訪問、48軒と対話し34人の署名が寄せられたといいます（「九条の会ニュース」２２８号）。

大胆に訴えたところでは、いままでにない広がりを実感するとの感想が数多く寄せられています。

■立場の違いを超えて手をつなぎ

思想・信条や立場の違いを超えて共同する面でも、これまでにない新しい経験が積み重ねられています。

労働団体や市民団体、平和団体などがこれまでのいきがかりを超えて共同しているだけでなく、今回の戦争法廃止をめざす運動の何よりの特徴は、そうした既存の団体とは別に、「安保関連法に反対するママの会」、「ＳＥＡＬＤｓ《シールズ》」など上部団体をもたずに自発的につくられた組織が合流していることは繰り返し見てきたとおりです。これまでは政治を語るのは特定の政治思想の持ち主と見られがちでしたが、「ふつうの主婦」「ふつうの青年」たちが、つぎつぎとたちあがっているのです。その特徴は組織の対象には限界はなく、いくらでも広げることが可能だということにあります。

地域レベルでの党派を超えた共同も活発です。戦争法反対の運動で自民党の地方議会議員や保守系議員も少なからず反対の声をあげ、その後の戦争法廃止の運動にも参加しています。たとえば宮城県大崎市議会では、自民党議員も賛成討論をおこなったうえで戦争法反対の意見書を採択しました。そして戦争法成立後は市議30人のうち自民党議員や保守系無所属議員などを含む超党派の13人で「国民合意のない安保関連法を発動させない大崎市議会議員の会」を結成、街頭でのリレートークや勉強会をおこない、遺族会の会員や九条の会会長、商店街振興会理事長などを招いたシンポジウムを開いて地域内の廃止世論もりあげのために活動しています（「九条の会ニュース」229号）。

こうした例は大崎市に限られるものではありません。毎日新聞が戦争法に関する意見書を採択した地方議会にアンケートをおこなったところ、「反対」の意見書は169、「慎重に」は136、戦争法「賛成」は4にとどまっています。しかも「反対」「慎重に」の計305議会のうち、114議会では自民、公明など安倍政権与党が賛成しています。

こうしたなかで、民主、共産、維新、社民、生活の5野党が16年2月19日の党首会談で、①安保法制の廃止と集団的自衛権行使容認の閣議決定撤回を共通の目標とする、②安倍政権の打倒を目指す、③国政選挙で現与党およびその補完勢力を少数に追い込む、④国会における対応や国政選挙などあらゆる場面でできる限りの協力を行う、との4点で合意しました。さらに23日の書記局長・幹事長会談では、各党が戦争法廃止を選挙公約に掲げ、戦争法廃止の連合政権についても検討することで合意しています。すでに衆院北海道5区、参院選挙区の青森、栃木、山梨、長野、鳥取・島根、山口、高知・徳島、宮崎、熊本、沖縄をはじめ続々と野党統一候補が決定し、全国で共同にむけた話し合いが広がっています。

党の歴史や政治理念、安保・自衛隊・沖縄基地問題や9条に対する考え方などの基本政策、あるいは資本主義か社会主義かなどの根本的な問題での意見の違いは決して小さいものでもないにもかかわらず合意を見たのは、日本の政治史のなかでも特筆すべき画期的意味をもつものといえます。これを実現させたのも、「野党は共闘を」の大きな国民世論です。各地では総がかり行動委員会や九条の会などがそれぞれの地域の政党本部にたいして参院選を共同してたたかうことの要請運動を広げ、各党の背中をおしています。

政党間の違いは決して小さなものではありませんが、その違いばかりを強調して野党がバラバラのままでは、自公与党が衆参の多数を占めている現在の状況のもとで戦争法の具体化がどんどん進行してしまいます。そして「戦争する国」づくりの体制が強まれば強まるほど、反対運動もさまざまな制約を受けざるをえません。その意味では戦争法に反対するのは最優先の緊急の課題です。

さらに、実際に集団的自衛権の閣議決定を撤回させ戦争法の廃止へと結びつけるためには、安倍内閣を倒し、戦争法に反対する勢力が国会で多数をしめなければなりません。この点については、戦争法が強行された当日の15年9月17日に、日本共産党から戦争法廃止のための「国民連合政府」のよびかけがなされました。もちろんこの「国民連合政府」は戦争法廃止の一点で協力する過渡的性格のものであって自民党政治を根本から転換することをめざすものではありません。しかし、この一点での共同に成功するならば、それは日本の政治を政党の利害をこえて国民本意の方向に転換する第一歩とすることができます。

むすび
―歴史を前進させる力は主権者国民の手に

ソ連が崩壊し永く続いた冷戦に終止符がうたれたとき、世界の多くの人びとは、これで東西の対立は解かれ、平和な世界が実現すると歓迎しました。しかし、アメリカはイラクのクウェート侵攻が発生するや、これを「唯一の超大国」として武力による世界支配の姿勢を示す好機ととらえ、同盟国を従えて軍事行動を展開しました。さらに、アメリカを襲った「9・11テロ」さえもアフガニスタン、そしてイラクへの戦争にはしる口実としました。

その結果は、アメリカをまたもや長く続く侵略戦争の泥沼に陥し入れただけではありません。アメリカの侵略を受けた国々では、宗教や民族の違いによる武力抗争を広げることとなり、さらに、その中でもたらされた貧困と差別、憎悪の連鎖はテロを生み、世界中をテロの脅威にさらすことになりました。

しかし、武力によって宗教や民族の対立を解消し、テロをなくすことはできないことはアメリカ、フランス、ロシアなどの軍事作戦が見るべき成果をあげていないどころかそれを世界へと拡散することになっていることでも明らかです。ソ連崩壊後に世界でおこっているさまざまなできごとは、武力では紛争は解決しないことを改めて立証しています。

それらの問題を真に解決するにはガルトゥングが主張したように、貧困や格差、人間の尊厳を犯す抑圧や差別の解消という「積極的平和」の政策こそが求められているのです。

そのためのたたかいがいま各国で広がり、強権的政治の足元をゆるがしつつあります。米ソ冷戦時代のように、大国の思惑だけで世界が動く状況ではなくなっているのです。

アメリカのイラク戦争にたいしては、アメリカ国内はもとより同盟国のドイツやフランスが協力を拒否しました。それぞれの国内の反対世論を反映した結果です。

フランスではテロに便乗したオランド政権の憲法改悪による治安権限強化の企てが世論の力で阻止されました。石油や戦略的・地政学的な利害のためにアメリカをはじめとする先進諸国による戦争の標的とされ、テロと難民問題など混乱が広がっている中東地域でも、２０１１年の「アラブの春」にみられるようにアメリカなど大国の介入や独裁的で強権的な自国の政府にたいする民衆の抵抗が、困難ななかでもたたかわれています。さらに東南アジア諸国連合共同体（ＡＳＥＡＮ）、中南米諸国共同体（ＣＥＬＡＣ）など地域の平和の共同をめざす動きはまだまだ部分的ですが確実に前進をつづけています。

ところが、憲法で平和の誓いをしたはずの日本では、アメリカの力の政策に従い「戦争する国」をめざす動きが強まっていることは本書をつうじてさまざまな角度から検証してきました。しかし、その日本でも日本国憲法公布から70年たったいま、戦後の歴史には見られなかった新しい流れが始まっています。

「民主主義って何だ」「これだ！」というコールを戦争法に反対する国会前の行動でSEALDs《シールズ》の学生たちがおこなったことに象徴されるように、自分たちが主権者として行動に立ち上がることが「民主主義」だとの理解が人びとのあいだに広がっているのです。こうした青年や女性、一般市民の行動を「新しい市民革命」と評する人もいますが、決して過大な評価とは言えません。日本の社会がまさに国民を主人公とする社会へと新しい一歩を踏み出している姿だと思えるからです。

こうした流れは政党の行動にも反映し、不可能にも思えた戦争法廃止にむけた野党間の共同を実現させ、選挙協力をおこなうことまで決断させる力となっています。

こうして本流と逆流の2つの流れが激突するなかで、国際的にみても先進的・先駆的価値をもつ憲法9条こそが、人類がめざすべき方向であることが、ますます明らかになってきています。安倍内閣のめざす改憲の企てを阻止することはもちろん、戦争法を廃止し、憲法9条が生きる日本にすることは日本の歴史を前進させるだけではありません。それは戦争のない真の平和を実現する道を示すものとして、世界の人びとへの限りない励ましとなります。

まさにいま、私たちは新しい歴史を切り開く正念場を迎えています。

【著者略歴】
川村　俊夫（かわむら・としお）
1941年　東京生まれ
65年　東京大学　卒業
65年　憲法改悪阻止各界連絡会議（憲法会議）結成と同時に事務局に専従
72年　　同　事務局長
95年　　同　代表幹事
2004年　九条の会　発足と同時に事務局員

【主要著作】
『小選挙区制と民主主義』（新日本出版社、1980年）
『ドキュメント　憲法の戦後史』（大月書店、1982年）
『日本国憲法を考える―40年の光と影』（新日本出版社、1987年）
『輝け！日本国憲法』（学習の友社、1992年）
『憲法から見た安保条約』（新日本出版社、1997年）
『日本国憲法の心とはなにか』（あけび書房、2000年）
『憲法問題の焦点― 代改憲論の検証』（共著、新日本出版社、2002年）
『戦争違法化の時代と憲法９条』（学習の友社、2004年）日本図書館協会選定図書
『日本国憲法攻防史』（学習の友社、2009年）
『憲法９条VS集団的自衛権』（学習の友社、2013年）

「戦争法」を廃止し改憲を止める―憲法９条は世界の希望

発行　2016年５月３日　初　版　　定価はカバーに表示

著者　　川村　俊夫

発行所　学習の友社
〒113-0034　東京都文京区湯島２－４－４
TEL 03(5842)5641　FAX 03(5842)5645
振替　00100-6-179157
印刷所　有限会社トップアート
デザイン　タクトデザイン事務所

落丁・乱丁がありましたらお取り替えいたします。
本書の全部または一部を無断で複写複製（コピー）して配布することは、著作権法上の例外を除き、著作者および出版社の権利侵害になります。発行所あてに事前に承諾をお求めください。
ISBN978-4-7617-0701-9 C0036
©Toshio KAWMURA 2016